ついこの間あった昔

林望

筑摩書房

ついこの間あった昔――序にかえて――

人は誰も一度しか人生を生きられない。

そうしてその人生は、どこで、どんな家に生まれて、どんなふうに育って、何を経験してきたか、ということによって一人一人みな違っている。

その一人の人間のなかに閉じられた経験から、誰もみなある時代というものを意識するのだが、人はまた、しばしば自分の過去を自在に伸縮したり演出したりして、現在の意識のなかの過去は、案外と不正確に歪んでいるのが普通である。

たとえばここに、一枚の写真がある。これを見て、いったいいつの情景であるか言い当てられる人は、それほど多くはないかもしれない。みながそれぞれの歪んだ過去像を物差しとして推量するからである。

じつはこの写真は、昭和二十二年九月十七日の東京深川の写真である。私の家の親類筋に当たる深川神明宮は昭和二十年三月十日の大空襲で全焼したのだが、その焼け跡から立ち上がって、戦後最初に催された例大祭の写真がこれである。良く見るとたしかに背後に焼け跡のビルが写っているので、それかと知れるのだが、ただうっかり見ていると、もっと遥かに昔、明治時代の写真だと誤解してしまう人もあるかもしれない。

前方の神官らしい人は高下駄を履いて大袈裟な衣冠束帯という感じなのに、その数人後ろには褌一丁の若い衆が歩き、ずっと後ろのほうには鞍馬天狗みたいな黒頭巾の衆も粛々として続いている。後方には都ぶりの輦《てぐるま》の御神体を捧持して進む人も見える。

これらの空気はまことに古典的で、いっそ荘厳というも可であるが、それにしては、手前の藪の陰から行列を見守っている少年は、まるで原始人のように褌ばかりの裸体で、靴さえ履いていない。はたしてこれが戦後の東京の風俗であろうかと首を傾げてしまうかもしれないが、しかし、これこそたしかな現実なのであった。

すなわち、東京も、ついこの間までは、壮大なる田舎であったというところもあり、江戸時代とさして変っていない風俗もまだ脈々として生きていたのだということをこの写真は雄弁に物語る。

こういう写真は、だから、私たちの過去像がいかに歪んでいるかということを際やかに照らし出すのである。

さらにまた、ほんの数十年を遡れば、東京と地方の文化的格差は現在より格段に著しいものであった。情報化以前の社会では、文化や習俗は頗る保守的であったから、現在の目で、昭和三十年代の東北の農村や四国の山間部などの現実を写した写真を見ると、なんだかおっそろしく昔のことのように感じるであろう。

しかし、それが正しい現実だったのだし、それらの昔風の風景や生活の様相のなかに、じつは現代の私どもの文化的アイデンティティの骨格のようなものが見え隠れしていることを忘れてはならない。

私どもは、今では西欧人の真似をしてずいぶんモダンらしい暮らしをしているけれど、その生活の隙間隙間に、これらの土俗的な常民文化の残滓がそこはかとなく伏在していることを、これらの写真は教えてくれる。

しかも人は過去を忘れながら美化する機序があるので、東京オリンピックの年に東京の都市生活者が平均的にどれほど貧しい住環境にあったかというようなことは、もうすっかり忘れている。

そういう都合のいい過去観に対しては、これらの写真はいわば頂門の一針というべき痛さを味わわせてくれるだろう。

それらをみなひっくるめて、私どもは、「ついこの間あった昔」の風景を直視し凝視し、そうして多くのことを読み出してみなくてはなるまいと思うのである。

かねて、私のもっとも愛読する本の一つに『写真でみる日本生活図引』（須藤功編弘文堂）というものがある。これはまさにその「ついこの間あった昔」の写真を集成して、その写真の写し出したすべてのアイテムに註釈を付けるという、すこぶるユニークで、興趣つきない名著である。

そこでその書のなかに掲げられている写真から、私なりの視点で選び直した約三十点の写真について、「私自身の『ついこの間あった昔』」を書いてみたのが、この本である。おそらく、どの写真にも、読者諸賢それぞれに各自の「ついこの間あった昔」を思い出させるなにものかが写っているに違いない。

私はこれらの写真を日がな眺めながら、もう忘れかけていた過ぎし日々を、そこはかとなく、あるいは豁然《かつぜん》として思い出した。なつかしい、しかし、もののあわれに満ちた写真であった。写真の文学ともいうべきものであった。ただ私は、これらの写真と共に、読者諸賢とそのもののあわれを共有したいと思って、ここにそこばくの小文を綴ってみたまでである。

西紀二〇〇七年仲秋其日

菊籬高志堂の北窓下にて

林　望

目次

ついこの間あった昔

◉ばあさんたちの文化

秋田県平鹿郡山内村小松川（現横手市）（昭和33年2月23日）
佐藤久太郎撮影

ああ、いい写真だなあ、とつくづく感心してしまう。

もう一時間も、ずっとこの写真を見続けているのだが、まるで動いている映画の一場面を見ているように、ここに写されているばあさんと子供たちが、いろいろなことを語りかけてくる。この場に自分もいて、ほのぼのとしながら眺めているような、そういう写真である。

ばあさんたちは、こんなにおおぜい揃って、どこへ行っていたのだろうか。みんなほぼ手ぶらで、雪の中を愉しそうに歩いている。が、いちばん後ろにいる人だけは、なにやら荷を背負っているらしいし、ちょっと年が若いように見えるので、このばあさんたちとは別で、偶然にここに居合わせたのかと思われる。

あるいはどこかお寺あたりにでも集まって、念仏講でもしていたのかもしれない。年寄ともなると、大きな関心事は、いかに惚けず、寝つかず、元気なままお迎えをむかえられるかということであった。そういう年寄たちにとっては、百万遍だとか、念仏講だとか、あるいは日蓮宗系統だったら法華講だとか、そういう宗教的な契機での集まりが欠かせない日常だった。

そのほかにも、たとえば無尽講だとか、庚申講だとか、なにかといっては村中の人たちがあつまって飲んだり喰ったり喋ったりということがあったものだった。

そういう「つきあい」が村落共同体を支えていた力であって、就中《なかんずく》に、家の主婦としての役割を娘や嫁に委譲したあとの隠居となったばあさんたちは、割合と自由にそういう講中《こうじゅう》の愉しみを享受したものであったろう。

このばあさんたちが身に纏っている、なんだかうきうきしたような、明るい空気は、この写真を圧倒的に愉しいものにしているので、おそらくそれは彼女たちが、今の今まで、どこかでゆっくりと愉しんできた余韻のようなものが写っているのではなかろうかと、私は想像する。

これは秋田県の山内村というところの、昭和三十三年のスナップだそうであるが、なんだかそんな近頃の風景とも思われない。明治時代の景色だと言われたら、きっとそうだと思ってしまうような、不思議に古典的な風情が横溢している。

おそらくこの頃までは、まだ少子化と過疎が村々を脅かしてはいなかっただろうし、古くからの村落共同体もなお依然として大きな力をもっていたに違いない。

だから、このばあさんたちは、家に帰れば、息子や孫たちが同居していて、自分の老後に対する孤独や老病死の不安などに苛《さいな》まれることもなかっただろう。

深い雪のなかに、何代もの大家族が同居し、囲炉裏には火が燃え、年寄たちは、年寄なりにちゃんと大切な役割を担っていた。とくにばあさんたちは、あの姨捨山《うばすてやま》伝説なども教える通り、生活智の知恵袋ともいうべき存在であった。なんでも生活のあれこれで分からないことがあれば、ばあさんに聞けばたいてい解決策が見つかる。年を取っても、目が老眼でぼやけても、細々《こまごま》とした針仕事や、一年を通じて漬物や行事の差配や、ばあさんたちに教わらなくてはならないことがいくらでもあった。

そうやって女から女へ、母から娘へ、ばあさんから嫁へ孫へ、と伝承されてきた生活のノウハウは、今私たちが思うより遥かに遥かに膨大なものであったろう。

だいたいが日本の社会は、古事記万葉の時代から、一貫して母系的であった。男というものは、よるべない風来坊のようなもので、どこかから通《かよ》って来て、いるんだかいないんだか分からないようなあやふやな存在でありつづけた。いや、今だって、その遺風が都市生活者の中にさえ残っている。

ただ、農村では、自由に移動することが事実上許されていなかったから、男衆《おとこしゅ》の位置も従ってある程度固定されていたかもしれないが、しかしそれでも、女に比べれば男の行動半径はかなり広かったはずである。

しかし女は、子供をかいなに抱えて、そうそう自在にどこへでも行けるわけではなかった。だから、女は、家のなかで成長し、長じても割合に土着的で、村内か近郷の誰かに縁付き、そこにまたどっかりと土着して子供を産む。そうしてその子供が大きくなって大人になるころには、自分はすっかりその在《ざい》のばあさんになっているというわけだった。

ばあさんたちは、したがってみんな顔見知りで、誰がどうしたとかいうような消息は、村内の女衆はすべて共有していたと言ってもいい。男どもに比べて、女衆は、自分たちで食べ物を作ったり持ち寄ったりして、自由に集まっては消閑《しょうかん》の時を過すことも多かったであろう。この写真は、そういうばあさんたちの集団が、たまたま道傍《みちばた》で喧嘩でもしていたらしい双子の男の子に遭遇したところであるらしい。

右から二人目のばあさんは、杖で男の子のうちの一人を指し、なにか小言でも言ってるようだが、しかし、その表情は決して険しくない。厳しさのなかに、一抹の優しさが見て取れる。おそらく他国の人間が聞いたらほとんど理解できないような濃厚なる秋田弁で何か言っているのであろうその声が、聞こえてきそうである。

ばあさんに叱られてしまった男の子は、泣きべそをかきながら、その困惑を紛らすように指をしゃぶっているところがじつにかわいい。するともう一人の男の子は、叱られている方の子の袖を引いて、彼の困惑を共有するかのような、なんともいえない表情を浮かべている。

こうもり傘の柄を杖についた腰の曲ったばあさんは、あきらかに笑顔で、この泣きべその男の子に優しい言葉をかけて慰めているように見える。

手前の女の子は、ちゃーんと自分も杖をついて、「ばあさんたちの仲間であることを体で示している」と説明されているのだが、この体の構えがいかにもばあさんと同じ口調で小言の加勢でもしていそうに見える。この娘と左の双子の男の子とは、年格好は同じようなものだと思うのだが、精神年齢からいうと、あきらかに女の子のほうが勝《まさ》っている。たぶんこの女の子のすぐ後ろにいる頭巾をかぶった子供も女の子であろうと想像される。

恐らく、女の子は、ばあさんたちの会合に加わることが許されていたのであろう。

いや、昔の日本の村々では、折々の行事などに際して、男と女と分かれて生活する「物忌み」という習慣も広く行われていたので、子供のうちから、自分が男であるか女であるかという意識は、今よりよほどはっきりしていたのである。

そういう生活の枠組みのなかで、たとえば性教育のようなことも、ばあさんの口から孫娘へ、というような形で自然に行われていたのである。まだ生臭い親としてはそういうことは教えにくいけれど、ばあさんともなると、もう自分はさんざん子供も産んでしまって、一種怖いものなしの自在さがあった。温泉などで、じいさんたちと混浴しながら、色話に花を咲かせて笑いさざめいているのもたいてい劫《こう》を経たばあさんたちだったものだ。もう女としては生々しいところを卒業して、いくらか神仏のほうへ近づいているばあさんたちから教えられると、たいていのことは、なるほどなあと納得してしまうのである。こういう機序が、むかしの年寄、とりわけばあさんたちの持っていた大きな力だったのである。

つまるところ、村落共同体は、このばあさんたちの「妹の力」で支えられ伝えられ、そして生命を与えられていたといってもあながち言い過ぎではないのであった。

この写真は、それらさまざまのことを物語り、考えさせてくれる。そうして、同時に、この二三十年の間に私どもが失い続けてきたものの重さを、切実に語りかけてくるような気がする。

◉ピクニックの約束事

東京都文京区白山・小石川植物園（昭和10年４月14日）影山光洋撮影
影山智洋提供

ピクニックというと、おそらくはイギリスから伝来した新風俗だったのだろうけれど、そういう新舶来の文化が日本に根付くためには、それに類似の在来文化がなくてはならない、というのは一つの原則である。

そこで、床しき昔を思い起こしてみると、もともと日本には「物見遊山《ものみゆさん》」という遊びの伝統があった。またたとえば、芝居の見物に行くなんてときでも、朝っぱらから盛大に弁当を用意して、一日芝居小屋に飲んだり喰ったりしつつ愉快に遊び暮らすのが伝統であった。さらにもっと古く遡《さかのぼ》ると、平安貴族の世界では、花が咲いたといっては花見の宴、月が満ちたといっては月見の宴、などなど、その度に野外に出かけたり、屋敷の庭に供えものをして神人ともに飲食を愉しんだりしたものだった。

宮廷では、狩りだとか、ミソギだとか、なにかにの機会に群臣を引き連れての野外の行事があって、その度にまたかならず宴会をするのが習いになっていたのである。『万葉集』に「雑歌《ざつか》・相聞《そうもん》・挽歌《ばんか》」とある三つの主要な部立てのうちの第一類たる「雑歌」というのは、要するにこの宮廷行事としての宴会のときに詠まれた歌どもをいう名称にほかならなかった。

そうして、こういう本来は宗教的な意味合いをもっていたであろう古代の行事が、だんだんとその宗教性を忘れてきて、単なる遊びに変質して来るのが中世近世という時代だったのである。

この時代になると、たとえば、酒盛りの代りに新船来の飲料「茶」を仲立ちとした茶会というような形が盛大に行われるようになり、醍醐の花見を兼ねた太閤殿下の大茶会などが歴史上に名高い。そういうときはもちろんみんな弁当を持って行ったもので、野外に毛氈などを敷き渡し、その上で風雅に野点《のだて》というような趣向を立てた。これまた、なにもイギリスをレファレンスするまでもなく、こちらが本家本元、アフタヌーンティの元祖とも申すべきことであった。

いわゆるピクニックバスケットなどを持参しての、野外会食ともいうべきイギリス流のピクニックは、たぶん十九世紀に始まったことで、決して古い伝統のあることではない。しかし、文明開化で、イギリスからそういうスタイルが将来されたとき、わが国人たちは、ああ、それなら自分たちだってしょっちゅうやってる、と思ったことであろう。

春の桜狩り、秋の月見や紅葉狩り、夏は納涼の河遊び、などなど、なにかと言ってはお弁当を持って遊びに出かけて行くのが江戸時代の人々の大きな楽しみであった。

日本では、そういう折々は、提《さ》げ重《じゆう》という容器にたっぷりと飯や肴菜や酒を用意して行ったもので、さらに敷物やら遊ぶときの着替えやらまで携えて、豊かな商家などになるとそれはそれは大ごとなのであった。

その他に、たとえば『万葉集』巻十六「竹取翁歌《たけとりのおきなのうた》」やら、能の『紅葉狩《もみじがり》』やらに見えるような、女だけの野遊びというのがあって、これは神事などに奉仕するために物忌みをして「乙女」の資格を身に帯びるためのミソギの一種であった。だから俗世の汚れた火を忌んで、清浄《しようじよう》の野に清らかな火を以て煮炊きし、そこには異性を交えないことで神聖な浄化を期待するのであった。

むろん女ばかりでなく、男だけの物忌みという習俗もいくらもあった。

ただ、一般には、男女うち集うて賑やかに神を迎え、そうして神とともに飲食し、歌舞を打ち上げ、おおいに魂《たま》を囃《はや》すというのが往古の大切な行事だったのである。

こういうピクニック的な伝統が広く行われていた我が国に、イギリス式のピクニックが根付くのなど、わけもないことであったろう。まあ、じっさいは、それまでの野遊びをば、ただハイカラなる外国語の名前で呼んでみたというばかりのことではなかったろうか。そこで、ピクニックといったって、イギリス式の飲食をするわけではもちろんなく、ただただ旧来の日本式弁当を持って、日本式に毛氈など敷いて、家族仲良く野外で食事をする、という形に落ち着いたものであったろう。

この写真は、昭和十年（一九三五年）に影山光洋氏が撮影したもので、場所は小石川植物園の由である。が、どういう人たちがどういう謂《いわ》れで小石川にピクニックをしているのかということまではちょっとわからない。

相当に大きな団体らしいけれど、参加している人たちの服装、とくに子供たちの制服などが区々《まちまち》だから、なにか一つの学校や幼稚園などの遠足ではなさそうである。案ずるに、ある町の子供会のような組織があって、そういうところがまとまってちょっと小石川までピクニックに繰り出したというところかもしれない。

この写真のなかの子供たちは、みなこざっぱりと清潔な、そして頗る都会的で上品な格好をしている。だからおおむねは富裕な階級の家族が集まっているもののようである。

こういう雰囲気というものは、実は、戦後の私どもの子供時分まで十分残っていた。今から思うと信じがたいことかもしれないが、昔の学校の遠足というものは親子同伴の参加が珍しくなかった。その頃の写真などを見ると、母はもちろん、背広を着た父が参加していることもあって、いわばこれが一家を上げての「学校ピクニック」であったことがわかる。

その他に、私たちの住んでいた町の町内会のような組織の下には子供会というものもあって、これはつまり、昔の若人宿というようなものが近代的に脱化して出来たものであったかもしれない。そういう子供会でも、必ず年に二回くらいはピクニックに出かけたもので、憶えているのは、幕張に潮干狩りに行ったり、多摩川の梨もぎに行ったり、要するに四季折々の風物を楽しみながら、同時に家族親睦の野外食事をするということでもあったのである。

私の妻は生まれ年も生まれ月も同じなのであるが、彼女に聞いても、確かに私どもの子供時代には、みな誰もが同じような弁当を持ってきたものだったと了解される。

運動会だって、そういう校庭におけるピクニックの楽しみが半分だったので、それが電車やバスに乗って郊外へ出かければ遠足、というわけであった。だから、遠足に父母が同行しても別段何も怪しむに足りないことだったのである。

ただし、当時はまだ共稼ぎという時代ではなかったので、多くの場合、とくに東京では、父親は会社づとめ、母親は専業主婦ということであった関係で、こういう行事にはとかく日曜日が選ばれ、できるだけ両親揃って参加できるように、ということが企図されたわけである。いや、両親どころか、運動会などになれば、秋晴れの青天井のもと、父母、祖父母、兄弟、と一家こぞって茣蓙《ござ》など敷いて、江戸時代の提げ重さながら、大きな重箱に弁当を詰めて、校庭にピクニックの輪が出来たものだった。そういうときのお重のなかに入っていたものはたいてい決まっていて、まず、のり巻きとお稲荷さん、これはどこの家でも定番であった。そして卵焼きだの、ソーセージだの、早生《わせ》の青い蜜柑だの、時にはあれこれのおかずを他の家の子と交換したり、それはそれは賑やかな「遊び」であった。

今は、みな核家族になって、両親とも参加できないという子にも配慮する結果、こういう校庭のピクニックも親子参加の遠足もすっかり絶滅してしまった。

果たしてそれが良いことであるかどうか。私はどうしても首を傾《かし》げざるを得ない。なぜならば、そのことの絶滅が町や家族のコミュニティを滅ぼし、往古からの伝統を絶やしてしまったからである。戦後教育のある種のサカシラが現代に残した禍根は決して小さなものではないのである。

◉リトル・マザーズ

「ままごと」は、昔の子供たちの遊びのなかでも、とりわけおおきな位置を占めていた。

男の子たちがチャンバラとかベーゴマとか、まあ女の子たちからみたらろくでもない遊びにかまけている間に、女の子たちは、せっせとままごと遊びに精出して、将来に備えていたような気味がある。

その頃、女の子たちに共通のあこがれは「お嫁さん」になることであった。

今と違って、結婚式も葬式も自宅で営むのが当たり前であったから、お嫁さんが輿《こし》入《い》れしてくる行列だとか、婚礼の宴席で、家族や親類がいつもとは全然違った晴れ着

新潟県両津市（現佐渡市）（昭和29年８月）中俣正義撮影

を着て、誰もが幸福そうに、嬉しそうに酒盛りなどしては、朗々と謡《うたい》を歌ったりするのを見て、つまりその盛儀の中心にいる「お嫁さん」に、人生の幸福の象徴としての意味を感得していたのかもしれない。

その嫁入りということが、じっさいどのような現実であるかということは、女の子たちはまだ知らなかったから、むろんその後どのようにして子供が産まれてくるのかということも、なにか遥か遠い謎のようなことにほかならなかった。

しかしながら、それでも、お嫁さんになれば、やがてどこからか赤ちゃんが産まれてきて……いやいや、もしかすると、昔はお産だって自宅でする人が多かったのだから、子供たちも言わず語らずの間に、そのあたりの消息はしっかりと弁《わきま》えていたのかもしれない……、ともあれ、やがてあの白塗りで文金高島田であったお嫁さんが、初々しいお母さんになり、豊かに膨れた乳房を出して赤子に乳を飲ませるようになる。そういう一つ一つのことが、昔の女の子たちには、人生の教育として働いていたのであろう。

子供も小学生になるころには、いっぱしの働き手として田畑へも山へも行き、どうかすると少年たちは舟に乗って漁労の手伝いもしたものであった。前近代的な社会では「子供」という存在はまだ意識されていなくて、子供だって手足が働けば立派な労働力なのであった。そういうなかで、男の子は、通過儀礼的に、いろいろと危険な遊びにうつつを抜かしたという機序がある。

これに対して、女の子たちは、一刻も早くお嫁さんに、そして更にお母さんになりたいのだった。

その頃は、男女共同参画なんてことも言わなかった。いや、言わなくたって農村でも商家でもみな日本は男女共同参画的社会であったわけである。

そういうなかで、やはり女が女であることを証明するというか、存在理由として自覚するのは、一つは出産育児、そして家事の差配であった。ここのところは、いかに共同参画的な社会であったとしても、どうしても女の専権事項という風な傾きがあったことは否めない。

そこで、女の子たちの遊びとしては、お母さんの所作のまねごとである「ままごと」が、もっとも楽しく、有力なところであって、これがいわば少女たちの「乙女組」的な役割も果たしていたのであった。

この写真では、ままごとに従事しているのは女の子たちばかりで、男の子は、ちょっと蚊帳《かや》の外に置かれている。真ん中のランニングシャツを着て手ぬぐいを下げた男の子は、いかにも女の子のままごと空間に混ぜてもらいたそうにしているが、女の子たちの様子には、なにやら拒絶的な感じが漂っている。

この男の子たちは、いわゆる「悪ガキ」で、日頃女の子たちにいたずらを仕掛けたり、悪口雑言《あっこうぞうごん》を浴びせては泣かせたりしているのかもしれない。

私自身は、じつは頑是《がんぜ》ない子供の時分から、どうしたものか女の子が大好きで、男どもの群れに入って乱暴な遊びをするよりは、平和的な女の子のグループに混ぜてもらってままごとでもしていたほうが嬉しいのであった。

そういう特権的な、または女の子公認の男の子たちには、ままごとでもちゃんと役割が与えられていて、それは「お父さん役」を仰せつかる約束であった。

しこうして、お父さん役の私は、少女たちがかいがいしく炊事（のまねごと）をするのを、敷き広げた茣蓙《ござ》の奥の方に座って、ただスパーッと煙草を飲む真似だの、ちびちびと酒を嘗める真似だのをしながら、待っていれば良かった。だから、考えてみれば、お父さん役はいかにもつまらなかった。

と、そういう女好きの男の子は、せいぜい女の子の御愛顧を蒙る戦略として、乱暴なことなどはしないようにして、女の子に嫌われないように努力したものだ。

ところが、この写真の男の子は、そういう努力に欠けていたのだろうか。とくに左のほうで、向こうを向いて半ズボンを半ばずり下げている子は、これは明らかにいたずら坊主で、女の子の団結敬遠主義の的になっているような存在であったに違いない。

そういうジャイアン的な悪ガキがやってくると、女の子たちは、協力してこれを黙殺し、追い払った。入れてもらえないとなると、やっぱり悔しいのが男の子のほうで、「ままごとなんてメメしいことができるかよー」みたいな悪《あく》たれを吐《つ》いたりして、ますますオノレの立場を窮地に追い込むのであった。

しまいに、女の子たちは声を合せて、この悪ガキを排斥する。すると、悔し紛れに、悪ガキのほうは、「ヘッヘッヘー」くらいのことを叫びつつ、こうやって尻なぞ出して女の子たちをますます憤激させるのであった。

けれどもね、この尻を出している悪ガキの、ほんとの思いを忖度《そんたく》すれば、やっぱり、女の子たちの遊びの庭に入れてもらいたかったのだ。

この真ん中でこちらを向いている男の子は、もう少し素直な感じで、いくぶん女の子たちに、入れて欲しいという気持ちを表現しているような顔つきである。

しかし、彼の身なりはいかにも貧しい。洗いざらしてもうすっかり綻び破れてしまっているシャツ……子だくさんの時分のことゆえ、兄さんたちからのお下がりだったのかもしれない……、のっぺらぼうのゴム靴、いずれもこの子の貧しい家庭の様子を象徴しているような身なりである。それにくらべると、ここでままごとをやっている女の子たちの服装などはみなこざっぱりとしていて悪くない。そこになにやら微妙な空気を感じる。

そうして、彼女たちのうちの三人は、そろってこの尻出しの悪ガキに視線を集中しているけれど、おそらく口々に黄色い声を発して彼を牽制しているものと見て間違いない。その総攻撃を喰らっている男の子と、強力なる女の子連合の間に挟まって、手ぬぐいの男の子は、いかにも困惑を極めているようである。

この写真が撮影されたのは昭和二十九年だとあるので、この子供たちは、ほぼ私と同年代である。おそらくこのあと二十年も経ったころには、みな念願のお嫁さんになり、お母さんになり、今ではもう還暦というような年になって、おばあちゃんになった子もいるかもしれない。

写真は佐渡の風景だというけれど、東京だって大した変りはなかった。ままごとのテーブルはいつもこういうミカン箱だったし、下に敷いていたのは藺草《いぐさ》の茣蓙であった。そうして、道路はどこもこんなふうに泥の道で、車なんかほとんど走っていなかった。子供たちは、安心して道路を占領して遊んでいられたのである。

ふと見ると、このミカン箱の上に味の素の空き瓶が置かれている。ごく最近、私は、さる骨董屋で、これと同じ味の素の空き瓶を買い求めた。なんの変哲もない空き瓶が今や三千円もした。

あの時代は、もはや遥か昔の骨董的な時代になったのである。

◉悪ガキの心底

東京都（昭和26年）渡部雄吉撮影

ああ、なつかしい、なつかしい。

この給食の写真ほど、私の心のノスタルジアをかき立てるものはない。

私どもは、いわゆる団塊の世代で、ともかく学校が足りない時代だった。まだ私立の小学校に通うなんて子供は例外中の例外で、ほとんどの子供たちは、何の疑いも抱かず、そこらの公立小学校へ通ったものだった。

そうして、学校という学校は、ウンカの如き子供たちの群れで充満していて、一クラスには六十人もの子供が押し合いへし合いし、都会地では、一学年に十五クラスもあったりした。

それでもまだ校舎が足りなくて、一つの校舎を午前中はA小学校が、午後はB小学校が、とダブルで使う「二部授業」などということすら珍しくなかったのである。

そういうなかで、給食は、私どもが小学校に入った昭和三十年ころにはもうかなり状況が改善されてきていて、この写真にあるような、コッペパンと脱脂乳だけというようなことはなかった。

ただ、どういうものか、主食は例外なくコッペのみで、ご飯というものは決して給せられなかった。

　しかしながら、おかずはというと、鯨の竜田揚げとか、ちくわの天ぷらとか、いわばご飯とは相性がいいが、パンとはマッチングのよろしくないおかずが多かった。おそらくは、まだ食糧事情も十分でなく、費用も限られたなかで、栄養士たちは悪戦苦闘して和食を中心とした献立で給食を構成したのであったろうと想像する。

　しかもときどきはカレーなんてのが出ることがあって、このカレーは不思議においしく、私の大好物であったけれど、カレーあって飯がないのは、どうも画竜点睛を欠くこと甚だしいものがあった。

　それに、あのころのパンというものは、まるで池の鯉が食う麩みたいにパサパサとして甘味も水分もほとんどなく、まことに殺伐とした味わいのものであった。

　私はこのコッペを食わされるのが非常に苦痛で、たいてい真ん中の白くて柔らかいところだけをほじくり返して食べ、給食が終るころには、皮だけの筒のようなものが残った。

　すると、建前としては残してはいけないということになっていたので（教育もナイーヴな時代であった）、このパンの抜け殻のようなものは、持って帰らなくてはならなかった。毎日、パンの抜け殻を給食袋という食器を入れる袋に入れ込んで帰ると、道々、ランドセルにひっつけたその給食袋のあたりから、白けたパンの匂いがして、まことに閉口したものだった。

ただ、脱脂乳のほうは、私の時代もなお当然のごとくに給せられていたが、それを飲むのは、私にはすこしも嫌ではなかった。級友の多くは、……とくにこれも女の子に著しかったが……この脱脂乳が、アルマイトの椀に注がれると、うへぇっ、というような表情をして、これ見よがしに鼻をつまみつつ苦渋に満ちた表情で飲み込んだりするのであったが、私はそれを見て、「どうしてあんな嫌な顔するんだろう、別にまずくないのになあ」と思っていた。事実、その脱脂乳というものは、現在どこでも売っている「スキムミルク」そのもので、普通の牛乳よりはあっさりとして、薄甘く、ちょうど日なた水のようにあいまいな、生ぬるい温度で配られた。

しかしながら、みんながいうようには「臭い」ものでは決してなくて、私からすれば、十分に美味しい飲料であったから、私は隣の子の分まで飲んであげたりした。

ところでこの写真の主人公と見るべき坊主頭のいたずら小僧は、膝の擦り剝けた右足を行儀悪く持ち上げながら、各自持参することになっていた箸箱のフタを蓮っ葉に銜《くわ》えつつ、左手は隣の女の子のほうへちょっかいを出している。

けれどもこの子は、決して悪い子なのではなくて、けっこう愛情を持って育てられた男の子に違いない。この子の着ているセーターはたぶん間違いなく母親の手編みで、ズックの靴だってみすぼらしいものではない。坊主頭は、私の子供時分にだって、男の子の半分くらいはそうだったし、これで青っ洟《ぱな》を垂らした子なんてのも掃いて捨てるほどいたのであったが、彼は別段青っ洟の二本棒というわけでもなさそうだ。

ただ、男の子はとかく恥ずかしがり屋で、自分の感情をストレートに表現することが苦手である。私なども重ね重ね憶えがあるけれど、ああ、この女の子は可愛いなあ、俺は好きだなあ、と思うと、決して親切にもできないし、丁重にも扱えないのである。それどころか、好意は必ず裏返しに表現してしまう。

だから、ついつい、意地悪を言ってみたり、知らん顔してやったり、ひどいときは泣かしてしまったりする。ああいかんなあとは思いつつ、そうやって、むしろ自分の好きな女の子の気を引いているわけである。

このちょっかいを出されている隣の女の子の表情はじつに微妙である。半分迷惑しながら、しかし、やっぱり半分はこの幼稚な男の子に対して「んもう、しょーがないわねー」というほどのお姉さんぶった同情心も持ち合わせているように見える。

この悪ガキは、間違いなく、となりのオカッパの子が好きなので、すると、女の子のほうも、そこはかとなくその好意は感じずにはいないのである。だから、しょーがないわねーと非難しつつ、でも半分は嬉しいのだ。

そういう子供の世界を、この写真はよく写し取っている。私自身は、姿格好からすると、この悪ガキの後ろにすわっている坊ちゃん刈りの男の子に近いものがあったけれど、そのいたずらなる、そして女の子が気になってしかたないという心底のありようは、まさにこの悪ガキそのものであった。

ところで、昔の給食には、かならず給食当番というのがあって、給食室から教室まで、おかずを満載したバケツやら、脱脂乳を満たした長細い薬罐《やかん》やらを運んでくる。そうして、それらを不公平なく分配するのも給食係の任務であった。

それゆえ、たとえば午前中の四時間目が体育だったりする場合には、給食係だけは一足先に教室に戻って、それらの配膳作業に当たることになっていた。

私はこの給食係をこよなく愛していた。なぜというと、ほかの奴らは、みなまだ校庭で汗水たらして運動しているのに、自分たちだけは、美味しい給食を独占している状態になるわけである。こんなに嬉しいことはまたとあるまい。

たとえば、大好物にして、uncountableなるおかずのカレーなんぞのときに給食係になると、これはもう生きながら極楽にいるようなものであった。私は、しごく道徳的な子供ではあったが、こういうときにカレーを「味見」することだけは、いっこうに平気なのであった。それで、真面目な女の子たちに非難せられながら、悪ガキ数人の給食係どもは、まあお椀に一杯ずつ位のカレーを、存分に味見してしまうわけであった。

けれども、そのくらい減っても、バケツのカレーをクラス全員に広く分配してしまうと、自分たちの味見した分などは、ほとんど無視し得る程度に過ぎぬ。

あれからもう半世紀経ったけれど、私はいまでも、校庭で体操をしている級友たちを尻目に、熱々のカレーをさんざんに味見した、あの味をちゃんと記憶しているのだから我ながら呆れる。でもさ、あれは、一段とうまかったなあ……。

◉チャンバラの剣士たち

東京都江東区豊洲（昭和24年頃）渡部雄吉撮影

昭和三十年代までは、男の子はチャンバラ、女の子はおままごと、と遊びの世界でも棲み分けが決まっていた。

だいたい、男の子たちの遊びのメジャーであったメンコの世界などでも、その絵柄は、相撲力士と、チャンバラの英雄というのがもっとも喜ばれた。結局、勝負に強いというところが大切だったのである。市川雷蔵、片岡千恵蔵、大友柳太朗、東千代之介、嵐寛寿郎、高田浩吉等々、私たちの少年時代にはどこか歌舞伎役者めいたチャンバラ役者がたくさんいて、みなそれぞれに当たり役というものを持っていた。そうしてこのチャンバラ役者たちの人気とくるとじつに大したもので、なべてスターというものがいなくなってしまった現代からは想像もつかないくらいの、人気と名声と富とを、彼らは手にしていた。

詳しいことはもう忘れてしまったのだけれど、私がまだ小学校の低学年だか、そのくらいのことだから、今からおおむね半世紀の昔である。なんでも「鍔《つば》鳴り浪人」とかいう映画があって、これをたぶん兄と一緒に父に連れられて見に行った覚えがある。

この鍔鳴り浪人は、もちろん正義の味方で、もしかして片岡千恵蔵か大友柳太朗あたりが扮していたのかもしれないが、ともあれ、例のとおりの悪代官やらアコギな商人ばらをば、すぱっと斬り捨てるや、目にも止まらぬ早業もて刀を鞘《さや》に収める。すると、そのとき、鞘と鍔が打ちあって「チャリーン」と涼やかなる音が鳴るのであった。

そのときの、まあ見えの切りかたがまたかっこよくて、

ズバッ（斬る音）

チャリーンッ（鍔鳴り）

「ん、ふふ、バッカめぇ！」

とまあ、こんな調子で、あとはさっそうと着流しの裾を翻していずこかへ立ち去っていく、とそこらへんはお決まりのチャンバラものなのであったが、いや、こういうのはなんといっても「型」が大切だった。

私と兄とは、たちまちこの鍔鳴り浪人にイカレテしまって、肩怒らせて映画館から出てくると、心はすでに鍔鳴り浪人であった。が、一家に二人の鍔鳴り浪人は両立しないので、次には決まって、兄と私とどちらが鍔鳴り浪人で、どちらが斬られるほうの悪代官かの役争いが始まるのであった。

そういうとき、たいてい兄は良い役を独占して、力の弱い私などには決してゆずっ

てはくれなかった。で、しょうがないから、私は、誰も斬り捨てる相手のないところで、「ズバッ（……と口で唱えつつ、物差しの刀を振り下ろし）」「チャリーンッ（……と叫びつつその物差しをばズボンのベルトに差し入れ）」、さいごに「ん、ふふ、バッカめぇ！」と、七三に構えて後、くるりと振り返っていずこかへ立ち去ってみたりするのである、が、そういう一人芝居はそぞろ空しいのであった。

この少年たちのチャンバラにおいては、誰が主人公を演ずるかというところが、いつも大きな問題であった。なんとなれば、正義の味方はたいてい一人で、そのたった一人の凄い剣士が、何人もの悪人ばらを、ばったばったと斬り捨てるというところに、チャンバラの拠って立つ美学があったからである。

この写真のチャンバラは、おそらく右から二人目の坊主頭の少年が正義の剣士であるらしく、いまや、眠狂四郎の円月殺法よろしく、刀を下段から一度横に回してのち八の字なりに斬り下ろすところでもあろうかと想像される。口を開いているのは、いわゆる裂帛《れっぱく》の気合いが発せられているのである。真ん中の坊ちゃん刈りの、トッパーを着た少年などは、私の少年時代かと思うくらいなんだか懐かしい風情であるが、彼はたぶん今斬られようとしているのに相違ない。なんとなく及び腰で、どうも弱い感じが出ている。

左の少年は大小二振りの刀（またはそのつもりの棒切れ）をしきりと振り回しているところで、これなどはどうみても二刀流宮本武蔵の感じである。となると、彼は正義の味方か、はたまた悪漢の一味か、そこらはどうもはっきりしない。まあ、少年たちのチャンバラでは、しばしば良いのと悪いのが入れ替わったりして、そこらへんはずいぶんといい加減だったのである。

さてまた、この右手手前に立ち尽くしている少年、これは斬り合っている子たちの兄さん株で、すこしく年長のように見える。そうして、彼は決してただぼんやりと立っているわけではなくて、いわゆる七三に面《おもて》を切って構えて見せているところである。左手で刀の鯉口《こいぐち》を握っているところに、おさおさ油断なき心組みが見て取れる。彼はいわば、用心棒のようなもので、いよいよ正義の剣士が危なくなったら助太刀をしようというわけで、かくのごとく構えているのかもしれない。こういうときのカッコつけかたも、ちゃんと文法があって、彼の首の捻りかた、また刀の持ち上げかた、みなその文法に適《かな》っている。

この大きな少年の陰に、足だけが見えている子供がもう一人いるのだが、これはたぶん女の子で、このうちの誰かの妹というところだろう。

チャンバラごっこのなかでは、女の子はつねにオミソで、もし働くべきところがあるとすれば、「さらわれるお姫さま」なんて程度の脇役に過ぎなかったのである。

考えてみると、たとえ竹みつであるにもせよ、刀の形に尖ったものを振り回して、あまつさえ実際に斬ったりもするのだから、ときどきは怪我することもあり、ずいぶんアブナイ遊びではあった。しかし、それでもこの写真手前の爺さんが（これはこの子供らの祖父というところか）は、完全なる無関心で全然違うほうを向いている。また向うの船にも三人の大人の男たちと、二人のオバサンの姿が見えるけれど、彼らもまた、子供らのチャンバラには一切関心を持たずにそれぞれの仕事をしているようである。ついでに、左端の雑犬までが、一向に我関《われかん》せず焉《えん》として、なにか虫けらなどを足でいたぶっているところらしい。

この頃までは、こうして大人の世界とは別に子供の世界、それも男の子の世界と女の子の世界と、いろいろな世界が併存していて、それぞれが一定の力関係とヒエラルキーを形成しながら安定的に営まれていた。このチャンバラの場面とて、万一、怪我が出来《しゅったい》するとか、役どころの不満で諍《いさか》いが生じるなどのことが起こった場合は、ただちにこの年長の少年が仲裁に割って入るとか、怪我の手当てをして慰めてやるとか、そういうふうにそれぞれがちゃんと社会的な機能をもって動いていたのである。

つまるところ、かくのごとくに、年齢も力もまちまちの子供たちが、空間と興味を共有しながら、日の暮れるまで遊んでいて、それなりのバランス感覚がいつも働いていた結果、現代のような陰湿なイジメなどはほとんど発生する余地がなかったように思われる。

私がなつかしく思い出すのは、あれはどこだったろうか、府中の浅間山《せんげんやま》だったろうか、丘の上の神社の境内でやったチャンバラ遊びで、それは私の小学校の最後の学年くらいのことだった。

そうして、その頃から、チャンバラのヒーローに代わって、たとえば月光仮面とか、快傑ハリマオとか、もっと近代的な英雄がテレビの画面に現れてきて、次第に歌舞伎役者風のチャンバラの英雄たちを凌駕するようになった。それは、やがて少年たちの社会が崩壊に向かっている前じらせのようなものだったかもしれない。

◉荒っぽく、しかし仲良く

北海道室蘭市（昭和34年11月）掛川源一郎撮影

昔の男の子たちの遊びは、みなどこか殺伐として、荒っぽかった。私自身は、あまり膂力《りょりょく》や体力に恵まれたほうではなく、運動神経も博才《ばくさい》も人後に落ちるほうであったから、「男の世界」は、しょうじき得意ではなかった。

どういうものだか、あの頃は、男の子と女の子は交じっては遊ばなかったもので、それぞれ男の子の世界と女の子の世界が、やや排他的に拮抗している感じがあった。

男の子たちの遊びの代表格は、「チャンバラ」のところでちょっと触れたメンコとか、あるいはベーゴマとかいうような手と腕の格闘技とも言うべき遊びで、これは一種の賭事でもあった。

すなわち、ベーゴマなら、そこらの路地の軒先などに大きな空き樽を出し、その上にズックのようなもので覆いを掛けて、このズックの上を土俵として、各自自作のベーゴマを戦わせるのであった。

私は自分でベーゴマを作る知識も力もなかったし、このような殺風景な遊びに加わることを母から禁じられていたので、じつは一回もやったことがない。したがって、どうやってあの不自由な格好のコマを紐一本で自在に回すのであるか、知らない。ただ、遠巻きにして眺めていたところから判断すると、どうやらそれは各自のベーゴマを賭けてやるらしく、順番に周囲からコマを投げ入れて、それらが布の中央のやや凹面になったあたりでぶつかり合い、弾きあって、最後まで止まりもせず弾き飛ばされもせずに残ったものが勝ちとなり、そうして、勝った者は負けたコマを分捕りできる、というわけであった。

メンコもこれに同じで、ただただ堅いボール紙の表面に時代劇のスターだとか、相撲取りだとか、ともかく強そうな人物の絵が印刷してあって、これを地面にたたきつけることで、先に地面に置かれたメンコをひっくり返す。返せば勝ちでひっくり返ったメンコは分捕られてしまう。ひっくり返らない場合は、こんどは自分のそのメンコが次に打つ奴の分捕りの目標になる、という、人生の機微を穿《うが》ったような気味あいのある遊びであった。

このメンコは少年雑誌の附録にも付いていたくらいで、さすがに親も禁止はしなかったけれど、しかし、私は非常に弱くて、いつも分捕られて素寒貧《すかんぴん》になってしまうのがオチであった。

とかく負けてばかりいる賭事は面白くない。これまた人生の原理であるから、私は結局こうした遊びはどうしても好きになれず、好きこそものの上手なれ、の反対で、上達もせず、分捕りもせず、ついにはまったくその遊びに参加するのを廃してしまった。もうすこし運動に近いような遊びとなると、この写真の「長馬《ながうま》」とか「駆逐水雷《くちくすいらい》」なんてのが男の子の遊びの代表格で、これに対して女の子たちは、ゴム段跳びだとかままごとだとか、エレガントで安全な遊びをした。

この長馬というのは、まことに乱暴な遊びで、じっさいには相当に怪我人なんかも出たはずだと思うのだが、その頃の親たちは、子供らがいかに荒っぽい遊びをしていても別段見てみぬふりをしていたし、その結果として多少の怪我をしたとしても、まあそれは相身互いとでもいうか、傷に赤チンでも塗って、「気をつけろよ」程度のことで終った。危ないから禁止するとか、監視して危なくないように指導するとか、そういうことは一切なかったのである。

団塊の子供の時代で、そこらじゅうに子供がうろうろしていた。まだ誰も塾になんか通わなかったし、学校が退《ひ》ければ、それから先、夕食までの時間は、ともかく子供らが自由に集まっては、適宜話し合って、今日はあの遊び、明日はこの遊びと、飽かず遊び回って暮らした。

長馬は、まず心棒と呼ばれる子が、塀とか壁とか、あるいは電信柱などに背を付けて立ち、その心棒の股倉に、馬組の最初の男の子が頭を突っ込む。そうして、二番手はその最初の馬の子の股倉に後ろから頭を突っ込みというふうにして、三人四人が長く組んで馬を作るのである。

いっぽうの乗り手のほうは、ずいぶん遠いところから助走をして勢いを付け、馬の尻の子の腰あたりに手を衝くと、ちょうど体操の跳び箱の要領で、できるだけ高く遠く飛んで馬の頭近いところにドスンと馬乗りになる。

その時、わぁ、とか、エイッとか気合いを掛けて、できるだけ荒っぽくドスンと馬に飛び乗るのである。飛び乗られたほうは必死に腹筋背筋に力を入れてこれを受け止める。すぐに二番手の乗り手が、猛然たる勢いで飛び乗ってくる。かくて三人、四人と、どしどし飛び乗ってくる奴をば、馬の方ではロデオの荒馬よろしく、ゆさゆさと揺さぶりをかけて、なんとかして落馬せしめようと努力するのである。乗り手は落とされたら負け、また馬も潰されたら負け、というわけで、乗る方も乗られる方も、必死の馬鹿力を出して対抗するのだった。

この写真は昭和三十四年（一九五九年）に室蘭の炭鉱町で撮影された由で、周囲に写っている木造の家々は炭鉱住宅らしい。子供たちの表情はいかにもガキ大将風で、必死に歯を食いしばりながら戦っている様子はまことにほほ笑ましい。炭鉱町だから男の子たちの気性も荒かったのかもしれないが、いや、別に炭鉱町ならずとも、長馬の遊びかたはどこでもこんなものであった。

中央手前のセーターの男の子は、馬軍の揺さぶりと、後《あと》から後から突っ込んで来た友軍の勢いに押されて、今やまさに落馬寸前である。そこを、両足に力を込め、また落ちそうになる体を右手を馬の奴の足首を摑んで辛うじて我慢しているところである。二番手の学帽を阿弥陀に被った子は、前の子が落ちないように、左手で必死に馬の背中を摑みつつ、右手は落ちそうな子のセーターを握ってなんとか落下を防いでいる。戦場で戦友を助けるとでもいうような必死さである。

心棒の子は、まさに落馬寸前の様子をのぞき込みながら、あとちょっと、もう少し、てなことを叫んで、馬の各人を鼓舞し、いっそう激しく揺さぶりをかけしめようというところである。

おそらくこの長馬の現場では、少年たちの怒号と嬌声と、またクソッとかアアアッとかいうような呻き声なども交じって、さぞ騒がしいことであったろう。
けれども、そうやって恐るべき騒音を発しながら、いつ怪我するともしれない遊びをしていても、それは当たり前の景色として、大人たちはただ微笑みながら見ていたばかりである。

じつは不思議と、こういう遊びは、思ったほどは怪我などしないのであった。いかにぶつかりあっても、人間の体と体、それも若く柔らかい肉体のぶつかり合いは、精神と肉体を鍛錬しこそすれ、まずさほどの危険はなかったのであろう。

そしてなにより、体と体のぶつかり合いから生まれる、身体性の手強い友情が、こういう遊びの場で醸成されたということを忘れてはならないと思うのだ。

こういう乱暴な遊びに打ち興じている少年たちの傍らには、かならず少女たちの群れもあって、彼女たちはかかる荒技には加わることをしなかった。そうして、スカートの先をパンツのなかにたくしこんで、まるでダンスのように優美な所作で、音楽的に歌を歌ったりなどしつつ、平和的なゴム段跳びなどをしては、男どもの野蛮な遊びを、軽侮半分、羨望半分に眺めていたような感じがあった。もしかしたら、女の子たちも、実はこういう「荒っぽく仲良くする遊び」がしてみたかったのかもしれない。

◉罠を仕掛ける

長野県下伊那郡阿智村駒場（昭和32年 2 月 3 日）熊谷元一撮影
熊谷元一写真童画館所蔵

このごろは、子供たちの遊びももっぱらヴァーチャルな方にばかり発達して、足が地に着いた遊びをしなくなった。つまるところそれは、自分と外界との対峙《たいじ》のしかたが具体性を欠くようになったということで、すべての認識が曖昧模糊《あいまいもこ》とした空想、もしくは実感のない理屈のみになってしまったということにほかなるまい。理科系の衰退ということも、これに無関係ではない。

思えば、罠を使って何かを獲る、なんてのは、子供たちの遊びとしてもっとも面白いものであった。

いや、私たちだって戦後の東京っ子だから、昔の山村の子供たちみたいに色々な知恵は持っていなかったに決まっているのだが、それでも、どうやって魚鳥を捕まえるかというようなことについては、いくらかの知識と実践は身に付けたものだ。

この写真は昭和三十二年の伊那の子供の雀捕りの様を写したものだというが、なんだかこの子の風俗といい、後ろの家の佇まいといい、明治時代さながらに古色蒼然とした空気が漂っている。

雪が降って地面が白く覆われると、土の上に落ちている稲粒などが見えなくなるので、腹を空かせた雀などの野鳥を捕るには、絶好のチャンスが到来するのだという。なるほどそれはそうだ。

このつっかい棒で支えている板のようなものは蚕箔《さんぱく》というもので、本来はこんなことに使うのではなくて、これを棚の上に置き、そこに桑の葉を一面に敷いてお蚕さんを飼育する道具なのだそうであるが、この季節になると、しばらく用済みになって、子供らの鳥捕り罠の具ともなって働いたらしい。けれども、「たいてい、蚕箔が倒れる速さより、餌を啄《つい》ばんだ雀の飛び立つ方が早い」ためにろくに雀は掛からなかったそうである。まあ、写真から見ても、この仕掛けでは、雀はそうたんとは捕れなかったに違いない。

ただし、この子は、私どもと違って、遊びでこんなことをしていたわけではなくて、もし雀が捕れたら、それは直ちに羽を毟《むし》って囲炉裏で炙《あぶ》って喰う為の料であったかと思われる。山村では、雀などの野鳥だって、大切な動物性たんぱく源であったろうから。

私どもは、これとまったく同じ仕掛けを作って鳥を捕ったが、ただし、都会の子供らしく、蚕箔などは使わなかった。で、何を使ったかというと、本書一四九頁に出てくるような新機軸の洗濯機の蓋を使った。

いちばん簡単には、アルマイトの洗面器なども使ったけれど、それだと比較的に小さくて、なおかつ丸いのでつっかい棒の固定が難しく、ちょっとした風でもバタンと落ちてしまうのでとかく具合が悪かった。

そこで、四角くて大きくて、割合に重い洗濯機の蓋などは真向きの道具であった。都会の鳥捕りは、アパートのベランダなどが好適の場所だった。

餌は、パン屑、ビスケット、そしてもちろんお米。

竹の物差しに麻紐を付けて、それをつっかい棒にし、そうして、洗濯機の蓋の下にたくさんの餌を撒いておく。それだけでは鳥どもの目に止まらない可能性もあるから、その餌のところから、点々と誘導の餌を撒いて蓋の外へ続け、そうしてよく見えるあたりに、多少のまとまった餌を置いておくというわけであった。

すると、まもなく、鳥どもはやってきて、まんまと餌につられて洗濯機の蓋の下の餌だまりに至る。それで余念なく餌を突っついているところで、ぐっと紐を引いて蓋を落とすのであった。

しかし、実際には、雀という鳥は非常に敏捷で、よほどうまくタイミングが合わないと逃げられてしまった。

　私たちは、別段雀を食べようとも思わなかったので、万一幸運にも捕獲できれば、嬉しがって鳥籠に入れてみたりしたが、本来どこまでも野鳥の性《さが》の雀などは、籠のなかをバタバタと慌てふためいて飛び回り、しまいには死んでしまうのであった。

　だから、捕まえたら、しばらく掌《てのひら》のなかでその温かな体温やら、ピクピクともがく微妙な力加減やら、つぶらで真黒な瞳やらをよくよく観察して、そのまま大空へ帰してやった。

　いちばんよく捕えることができたのは、雀ではなくて、鳩だった。鳩は食いしん坊で、しかも町の鳥だから、人の気配に慣れている。それで私どもが物陰で見守っていると、案外と無防備に罠の蓋の中に入った。

　そうして、鳩は雀ほど敏捷でなく、だいいちあの大きな体が災いして、飛び立とうと思った瞬間には、重い洗濯機の蓋に羽がぶつかりなどし、そのままバタンと落下した蓋のなかに閉じこめられてしまうのである。

　一度は、大きなカラスがこの罠にかかったこともある。カラスは保護鳥で、捕ったりしてはいけないのだそうだが、当時はむろんそんなことは知らない。例のとおり罠を仕掛けて待っていたら、大きな顔をしてカラスがやってきた。カラスという鳥は利口だというけれど、たまたま空腹で不注意な奴だったのかもしれない。案外と簡単に罠にかかった。

しかし、あの大きなカラスが蓋のなかで大暴れをしているのを目の当たりにすると、なんだか気味悪くて、祟りがありそうな感じもしたから、これは直ぐその場で蓋を開けて逃がしてやった。別に祟りもしなかったし、報復をしにカラスがやってきたということもなかった。

子供たちが使う罠には、もう一つ、「自動式」とも言うべきものがあった。

それは煉瓦を使うのであった。

煉瓦をいくつか重ねて、ちょっとした囲いのように作っておく。その囲いの一方に、割りばしでつっかい棒をして、斜めにもう一つ煉瓦を置く。

そうしておいて、その周囲に米を撒き散らかし、むろん煉瓦囲いの中にもたんまりと撒いておく。

と、以上がその仕掛けである。

この仕掛けのいちばん大切なポイントは、つっかい棒が非常に不安定であるということである。ちょっとそこに触っただけで、すぐに外れてしまうように、わざと細く削ったりして仕掛けるのである。

こうすると、雀などが何羽か群れてやってきて、そのうち一羽二羽と煉瓦の中にまで入って啄ばむのが出てくる。しかしそこへ、さらに降りてきて入ろうとすると、その刹那《せつな》に羽が触れたり、体が押したりして、かろうじて危ういバランスを保っているつっかい棒が、簡単に外れて、たちまち煉瓦が落下して閉まってしまう。

これで実際に結構雀などが捕れるのであった。

洗濯機の蓋につっかい棒をして物陰から引っ張るという仕掛けとは事変り、これは一切人間は関与せずに、鳥たちの動きによって、自動的に罠が落ちるため、人気《ひとけ》が感じられない分、鳥たちは引っかかりやすいのであった。

そうやって、学校の放課後に、校庭に罠を仕掛けては雀やオナガ、あるいはヒヨドリなんかが掛かるのを見て面白がっていたのだが、むろん食べはしなかった。

そのうち、罠の中から飛び立とうとしたオナガが、その刹那に落下してきた煉瓦に頭を挟まれて、あわれ即死してしまったことがあった。ただ遊びで鳥を捕まえていた私たちは、さすがに惻隠《そくいん》の情と良心の呵責《かしやく》を覚えて、以後この罠遊びは沙汰止みになった。

そんな風に、私たちは、直接に具体的に、自然と触れ合いながら大きくなった。今から思うと、自然も豊かで、子供らがそのくらいの悪さをすることを、寛容に見守っていてくれたものである。

◉行水、束の間涼し

秋田県横手市（昭和30年）佐藤久太郎撮影

田中冬二という詩人の書いた詩を、私は骨髄に徹して愛する。その冬二に、こういう詩がある。

幼年

柿の花咲いてゐたりけり
そが下に幼きわれら散髪をする
機関車のやうに重きバリカンは
項《うなじ》にひんやりと冷めたく触れ
また何となく西洋のやうな匂ひす

やがて短く刈りあがりしに
母来りて青き頭を撫し　胸をはだけ乳を滴《た》らし呪して　虫に刺さるるなかれ
風邪ひくなかれと
日の光りさんさんとあかるく　あんずの実は熟れよき日なりき

かくて一日を遊び疲れしわれら　大き藁屋根の下
南の障子を頭にただやすらかにねむりぬ

というのである。これは、早く親に死に別れて幾多の辛酸を嘗めたこの稀有《けう》の詩人が、まだ元気だった両親とともに秋田に暮していたころの、幸福な幼年時代を追憶した詩である。

なんという美しい詩であろう。そうして、なんという幸福な親子の佇《たたず》まいであろう。この「行水」の写真を眺めていると、そこはかとなく、この冬二の『幼年』が想起される。この写真には、柿の花も、バリカンも出て来はしないけれど、なんというのだろう、空気の感じに通うものがある。

この写真は佐藤久太郎さんの撮影したもので、写っているのは撮影者の妻子だということである。

昭和三十年、秋田の横手で撮影されている。

この年に、私は小学校一年生になった。

東京の南のほうの、大田区にある小学校で、洗足池《せんぞくいけ》小学校という学校に上がったのだが、むろんそのころは冷房なんてものはどこにもなくて、夏になればひたすら暑さに耐えながら、せいぜい井戸水で冷やした西瓜を食べて暑気を紛らわすという程度のことであった。そういうなかで、行水というのは、夏のなによりの楽しみだった。

当時、私の家では、できたばかりの新式鉄筋アパートの一室にあって、その頃としてはめずらしくちゃんと内風呂がついていた。しかし、夏の真っ盛りの午後には、ベランダに（アパートで庭がなかったので）金だらいの大きなのを出して、そこで一つ違いの兄といっしょによく行水をしたものだった。そういうとき、母は、この写真のお母さんのごとく、濡れてもいいような軽い服装をして、私どもの世話を焼いた。そうしながら、母自身も涼を取っていたのであろう。

今でも憶えているのだが、行水をするときは、大きなヤカンに一杯の湯を沸かしておき、金だらいにほどほどに張った水道水に、あとからその沸き立った熱湯を注ぎ入れるのだった。そうすると、水はぬるんでちょうど人肌くらいになる。それがもっとも快い行水の水温であった。この写真の説明には、「盥《たらい》には微温湯を入れることもあるが、朝、盥のなかに井戸水を入れておくと昼過ぎには熱いくらいになった。日向水《ひなたみず》といい、幼児はその中に素裸ではいり、行水をかねて水遊びをした」とあるが、私の家では、いつも叙上の手順で微温湯を即席に作るのが習いとなっていた。その時、母は、「熱いのが行くから、アブナイからどいてなさーい」となんだか嬉しそうな調子で叫びながら、急ぎ足で熱湯のヤカンを運んできたものだった。

そして、兄と私と、年子の兄弟は、水鉄砲やらブリキの船やらでさんざんに遊びながら午後の暑いさかりを涼しく過ごした。

ひとしきり水遊びが済むと、私たちはさっぱりと良く乾いた服を着て、疲れて昼寝をするのが日課のようになっていた。あの時代というものは、まだ両親も若くて元気で、私たちは何の屈託もなく遊び暮らしていればよかったので、思えば、ほんとうに幸福な少年時代だった。

この写真のお母さんも、まるで輝くような笑顔で、二人の男の子の表情にも、暗い影など微塵もない。明るいのは夏の午後の光ばかりでなくて、この母子の何もかもが明るく輝いていて、見ている者に不思議な幸福感を与えてくれる。それはたぶん、多くの人がそうであったように、また私自身もそうであるように、幼年時代というものが、親の愛情を一身に受けて、人生のもっとも幸福な時代だったからなのだろう。

私自身は（『東京坊ちゃん』という自伝的小説に詳しく書いたことがあるのだが）

東京下町の吾妻町《あずまちょう》というところに生まれ、四歳くらいまでそこで育った。昭和二十四年、西暦一九四九年生まれだから、まだまだ戦争の傷跡がいくらも残っていた。ただ町並みや建物に残っていたばかりでなく、人々の心のありようにも、戦争に対する恐怖がトラウマのように影を落していた。

親たちはひとしく、みな貧しく、また飢餓に対する恐怖心もなお消え残っていた。だから、仮に寸地《すんち》をだに得《う》れば、そこに野菜の苗など植えて、家庭菜園というものを作った。私の生家は小さな平屋の借家であったけれど、その猫の額ほどの庭にも、なにがしかの野菜が育っていたことをぼんやりと思い出すことがある。

そうして、母方の祖父母の家に行けば、これも広からぬ庭に鶏小屋があって、この鶏が折々は放し飼いになっていた。だからこの行水の写真の風景は、すなわちまた自分自身の追憶の風景でもある。

写真の行水の庭にも野菜が植わっていて、右奥にはトウモロコシが、左手前には茄《な》子《す》が、それぞれ栽培されていることがわかる。この鶏は、黄斑プリマスロックという種類だそうであるが、おそらく卵を採るために飼われているのである。盥の周辺をうろつき回っているのは、みな雌鳥ばかりだ。

昔は、こんな風に、家々に鶏がいたり、鳩がいたり、犬も猫もいたけれど、それらは現代のような高級なペットとして飼われていたのではなかった。犬は番犬、猫は鼠捕り、そして鶏はたんぱく質の供給源であった。人間はこれらの家畜家禽の歴然たる「あるじ」で、犬猫をば人間とおなじように見做して猫可愛がりしたりもしなかったし、鶏などは卵を産まなくなれば、さっさと「つぶして」こんどは肉として喰ってしまうのであった。しかし、それがもっとも自然な、人と動物の付き合い方で、猫に絹の布団をあてがったり、犬に妙な刈り込みをほどこしてレインコートを着せて歩かせたり、どうもそういう「かしずきかた」には、どこか不自然な、そして間違った愛情が混入しているような気がしてならない。

そうやってさまざまの動植物と共生しながら、親子は濃密な愛情で結ばれ、みんな貧しかったけれど、決して不幸ではなかった時代が、私の記憶のなかに確かに実在するのである。このお母さんの下駄を突っかけて金太郎の腹掛をしたおにいちゃんも、頑是《がんぜ》ない表情をして行水を使っている弟も、そしてこの若く美しいお母さんも、みなおっとりと魅力的で、あの懐かしい行水の幼年時代に、ふと戻ってみたくなるような写真だが、それはむろん叶わない。

◉牡丹餅、おはぎ、女の手

長野県下伊那郡阿智村駒場（昭和31年６月28日）熊谷元一撮影
熊谷元一写真童画館所蔵

今の子供たちは、自分の家で作る物が非常に少なくなってしまって、なんでも専門の店で職人が作ったものを買ってくる、という文化に慣れてしまったのは、なんともいえず情けない気がする。

この写真で作っている牡丹餅《ぼたもち》なども、私どもが子供の時分までは、どの家でもみな自前で作ったものだった。

それがお彼岸には欠く事のできない、楽しみの一つだったのである。

昔の家々には、男の文化と女の文化とが、かなり鮮明に分かれて伝承されていたものだったが、この牡丹餅作りなどは、さしずめ女衆《おんなしゅ》の文化の代表的なものの一つであったろう。

写真に写っているところを見ても、ここには、老壮幼入り交じっているものの、すべて女ばかりであることに留意してみたい。

いちばん右に写っている白髪のおばあさんが、この家の家刀自《いえとうじ》とみえて、おそらくは、こうした家庭内の伝承的手仕事のノウハウをもっとも多く持っていた存在であったろう。

そして、それからお嫁さん、娘さん、さらには孫娘たちと、何代にも亙って女衆が力をあわせ、気を揃えつつ、夥しい数の牡丹餅などを作った伝統の好ましい空気を、この写真はよく写し取っている。

これで、写真を良く観察すると、まだ熱い半殺しの飯（牡丹餅もおはぎも、だいたいは粳米《うるちまい》と餅米を半々に混ぜて炊き、炊き上がった熱いところを擂《す》り粉木《こぎ》のようなもので搗《つ》いて半分くらい潰した。これを半殺しと俗称した）を握って牡丹餅らしい大きさの楕円形に作る役、それから餡こを付ける役、さらには黄粉《きなこ》をまぶす役と、一定の手順の分業になっていたらしいことが分かる。

この中核になる半殺しの握りを作るところは、けっこう難しい作業で、しかも熱いので大変だった。そういう作業の要のところはこの家の現役主婦たるお嫁さんが着々とこなしている。そうして仕上げの餡《あん》こ付けは、おばあちゃんが、なにか昔話でもしながら手際よく仕上げていく、とそんなところかもしれない。

そういう一つ一つの「おとなの女としての手仕事」が、女の子たちにとっては、やっぱり一種のあこがれを抱かせるところであった。

で、女の子も、大きくなると簡単なところから手伝わせて貰えるようになる。

左のお姉さんはそういう年ごろであるらしい。そこで、お姉さんとしての貫禄を見せながら良い子にお手伝いをしているので、こういうお手伝いは私自身も経験があるけれど、ほんとうに楽しいお手伝いだったのだ。

ところが妹娘ともなると、まだちょっと小さ過ぎてこの作業には入れてもらえず、目下見習っているところである。妹娘の真剣に凝視している視線の先にはお姉ちゃんの作業している黄粉の盆があるので、つまり、早くお姉ちゃんみたいに一人前としてこの作業の輪に交ぜて欲しいなあ、と思っているのであろう。

何人も子供がいた昔の家庭では、そんなふうに思いながら、みんな大きくなったのである。

私自身の記憶では、またちょっと違ったものがある。

というのは、私の家は核家族であったので、こんなに何人もの女衆は居なかったからだ。

そうして、毎年お彼岸のころになると、必ず「おはぎ」を作った。うちでは、牡丹餅とは言わずに、かならず「おはぎ」といい、それもきっちり丸く成形した美しい上品な形のそれであった。

ちょうどこの写真の妹娘の如く、私は興味津々《しんしん》で、母とその母親――どういうものかおはぎ作りの記憶にはかならず私にとっての母方の祖母が参与している――が器用な手つきでおはぎを作っていくのを、飽かず眺めていたものだった。

それはこうするのである。

餅米と粳米を混ぜて炊いてから、熱いうちに半殺しに搗くところまでは牡丹餅と一緒である。

ところが、そこから先はずいぶんと違っていた。

私の家では、おはぎは、餡このと、黄粉のと、必ず二種類作った。しかし、その黄粉のおはぎはご飯だけでなくて、ご飯の真ん中に少量の餡こをくるんで、そして表面に砂糖と少量の塩を混ぜた黄粉をまぶすのであった。餡こはかならず漉《こ》し餡であった。

漉し餡を作るには、「根津の晒《さら》し餡」という細長い紙袋に入った乾燥餡を水で煮てもどし、そこに砂糖を加えていきながら、気長に煮詰める。これが最初は緩いのでかきまわすのも楽だが、次第に煮詰まってくると、餡はすこぶる重くなり、なおかつ、一瞬でも手をとめると焦げ付くし、おりおり泡が爆《は》ぜて熱い餡の飛沫が襲ってきたりして、餡を煮詰めるのは、なかなか大仕事であった。私はいつもこの餡を煮詰める仕事を手伝ったので、よく記憶しているのである。

　そうして餡ができると、それを冷やしておく。

　いざおはぎ作り、という段になれば、祖母と母は左手に十分に濡らした布巾《ふきん》を持ち、そこにまず大方一個分と目分量した飯を載せて、その真ん中にちょいとくぼみを作ってから餡こを載せる。そして、その布巾をそっと包み込むようにして楕円形の餅を形成するのだった。

　そうして黄粉は大きな皿などにたくさん作ってあって、そこに今成形した餅をそっと置いてくれる。それにたっぷりと黄粉をまぶすのもまた、私の仕事であった。私はかなり小さな時分から、そういう台所仕事を手伝って育ったので、これらの作業はちゃんと目に焼き付いているから、作ろうと思えば今すぐにでもできる。

　また餡のおはぎを作る時は、これも濡れた布巾にシャモジで餡を広げ、その中央に一個分の飯を載せる。するとこんどはそれを布巾で包み込みながら、右手の力をも入れずして玄妙に動かしつつ、均等に餡が飯を覆うように形作る。そうして、そーっと布巾をはがすと、つるっと上品に餡の衣を纏ったおはぎの餅ができあがるのだった。私はいつもその祖母や母の手つきを、「うまいなあ」と感心しながら見ていたものだ。

内心、いつかは自分もこれをやらせてもらうぞ、と決意しながら……。

私どもの理解では、この写真のように粒餡を、成形せずにべっとりとまぶすだけのものを牡丹餅といい、きれいに丸く漉し餡で成形するものをおはぎというのかと思っていたが、どうもそうではないらしい。

写真の説明には「呼称は違うがまったく同じものに御萩がある。春の彼岸に供えるのは牡丹餅、秋の彼岸に供えるのが御萩としているところもある。……伊那地方では、田植えが終わり近くなると、『牡丹餅になりそうだ』といい、無事に終わると『牡丹餅になった』という。牡丹餅の名には、田のぼたがもつ（畔が崩れない）という意味が込められているとする」とある。なーるほど、そういうものでもあろうか。しかし、お彼岸の時期はまだ田植えには早いので、お彼岸の牡丹餅と田植えの『牡丹餅』とでは、ちょっと意味が違うかもしれない。

ともあれ、こうして持ち伝えられてきた女衆の文化も、いまやほとんど断絶しつつあるのは悲しい。

◉子供部屋という発想

長野県下伊那郡阿智村駒場（昭和31年７月８日）熊谷元一撮影
熊谷元一写真童画館所蔵

いつからこういうことになったのだろうかと、ちょっと首を傾げるのは、家というものの認識の仕方のことである。

現在では、当然のごとく、３ＬＤＫとか、５ＬＤＫ＋Ｓだとか、そういう把握の仕方が普通になっていて、そこへ全部で何平方メートル、という数値が添えられている。しかし、こういう言い方はもちろんごく新しいことで、少なくとも、昭和三十年代まではあまりなかったように思われる。

翻ってイギリスあたりではどうかというと、むろんこんな言い方はない。あるとすれば、「3beds, Victorian Terraced House」というような言い方で、もっとも大切な情報として、幾つのベッドルームがあるか、ということが表示されるに過ぎない。

しかるに、昭和三十年代に、たとえば、住宅公社とか住宅公団とか、戦後の官製デヴェロッパーの手になる共同住宅の広告のなかで、おそらく「２Ｋ」とか「３ＤＫ」とかいうような言い方が現れてきたのではなかった。

このことは、それ以前には、日本の住宅には、独立した台所さえないような貧しいものが少なくなかったということを意味していると私は考える。もし台所があるのが当然と考える社会であれば、わざわざ「K」などと断る必要はなかったはずだからだ。

実際、江戸時代までさかのぼれば、都市の長屋などでは、水仕事の大半は共同の井戸のところでやり、煮炊きするのは、戸口の外や、内土間の上でというのが決まりであったし、そういう共同炊事という考え方は、近代まで引き継がれて、戦後のいわゆる木賃《もくちん》アパート、すなわち木造賃貸アパートには、独立したキッチンなどはなく、六畳とかの居室に隣接した半畳ほどの板の間に、七輪だの石油コンロだのを置いてするのが当たり前のようになっていた。私の子供時分にも、たとえば冬だったら部屋に火鉢が置いてあって、その火鉢の上で煮たり焼いたりということが珍しくなかった（次章参照）。

これは思えば、農家の居室の中心に「囲炉裏《いろり》」が切ってあって、その巡《めぐ》りに人々が集《つど》い、その火で煮たり焼いたりしつつ談話もする、とそういうのがごく普遍的な形であったことを引き継いでいるものと思惟される。

漫画の『サザエさん』なんかを見てみても、玄関先の七輪で秋刀魚《さんま》を焼いているところを猫にさらわれる、なんてことが描かれているわけで、今ではちょっと想像もしにくいことである。

逆に言うならば、日本の「部屋」というものは、炊事の場でもあり、団欒《だんらん》の空間でもあり、そしてさらには寝室でもあった。そういう重層的な空間把握のもとでは、「3LDK」みたいな括り方はとうてい発想できるものではない。

だから、「田の字」構造に代表されるような農家的空間意識から決別して「3LDK」的な把握の仕方に移行するには、相当の精神的ジャンプが必要であったし、それを可能にしたのは、戦後の「非日本的なるもの」への憧憬《しょうけい》であったかと思われる。

そこで、もっとも非日本的であったのは、「子供部屋」という考え方であったかもしれない。

西欧では、子供が生まれた途端に、子供は子供だけで独立の部屋に寝かせるのが当然とされる。

ドイツ人のさる友人は、日本人の奥さんとの間に子供を儲けたときに、日本的に「川の字」になって寝ていたそうである。ところが、この子にちょっとした言語の発音障害が現れ、医者に相談したところ、「そのような異常な寝かせ方をしているから、こういう障害を起こすのだ」と強く言われたという。日本では当たり前のこともドイツ人に言わせると病気なんだからねえ、と言ってその友人は笑っていたが、このことは決して笑い話ではなくて、なかなか深刻な問題を示唆している。

私どもの文化は、男・女・親・子が、みな雑居する文化であって、その中心には火があった。そういうのを誰も不思議と思わなかったのである。

ごくごく一部の、上級の武家みたいな家は例外として、農家も商家も長屋も、おしなべてみな雑居文化のうちにあった。だから、一家の主人は堂々とした調度に囲まれた書斎に陣取り、主婦はドローイング・ルームを牙城とし、子供は子供でそれぞれの子供部屋に孤独を温めつつ眠る、というようなことは日本では絶えて在ったためしがない。親子は同じところに起伏《おきふ》しし、子は年中親の目の届くところで暮らしていた。

その分、親も親だけの空間なんてものはなくて、まあみんなテキトウに和気《わき》靄々《あいあい》と暮らしていたわけである。

この写真は、そういう暢気《のんき》な時代の空気をよく写している。右端の女の子は、なにやら学校の宿題でもやっているらしいが、その左にいる妹らしい女の子は別段勉強するでもなく、しかし姉の勉強の邪魔にならないように団扇《うちわ》をいじって一人遊びをしている。まことに殊勝な感じである。お祖母さんは、娘たちの様子を監督するともなく監督していて、ときどきは、「姉ちゃんの邪魔しちゃいけんよ」くらいのアドバイスはするのかもしれない。そうして、手にした団扇で、そう熱心にでもなく、まあ手持ちぶさたを紛らすような感じで、ゆるゆるとそこらを煽いでいる。

　向こうに寝そべっているのは、この家の主人だというのだが、一日の仕事を終えて、暇つぶしに雑誌か新聞でも読んでいるのであろうか。また、お祖母さんの背後に座っている坊主頭の弟は、これも、姉妹とはちょっと別の場所に自分の位置を占めて、少年雑誌に目を曝しているというところかもしれない。

　こういう風景は私の家にも確かにあった。私どもが騒がしく遊んでいる脇で、父がこたつに入って原稿を書いているとか、私どもが食卓で勉強している脇で、母がミシンをかけて縫い物をしているとか、いずれそういうようなことが日常の普通の風景なのであった。

　そこにはテレビもコンピュータも介在せず、家族はつねに「家族の風景」のなかに、各自一定の位置を占めて坦々と時間が過ぎて行った。

　こういう暮らしの意識のなかでは、子供部屋なんてものは発想されず、また「寝室三部屋」というような西洋的な思考法も関与してこない。もとよりそんなふうに数えようがないからだ。

つまり、この親子が静かな夕食後を過している部屋は、卓袱台《ちゃぶだい》を出せば食堂になり、片づけて布団を敷けば寝室にもなる、のでもあったから……。

建築家の宮脇檀《まゆみ》さんは、かねて子供部屋なんてものは必要ないということを強調しておられたが、日本的な視座から見ればまことに聞くべき意見であった。

現に、子供部屋が設けられ、寝室と食堂も峻別される時代になってからも、子供たちはほとんど子供部屋で勉強などしなかった。みんな食堂のテーブルに持ってきて、親とごった煮のような空間のなかで勉強して育った。そしてそれは今でも大方変りあるまい。

思えば、子供がほんとうに子供部屋を必要とするのは、もはや子供ではなくなって大人になりかけてきたころからのことだから、結局子供部屋を必要とするのは大人たちだという、不可思議にねじれたことになる。

私どもは、日本人の日本的な生活空間の把握の仕方をもう一度再評価する必要がある。なんだか空々しいばかりに清潔に調《ととの》えられたモデルルーム風のリビングルームなんてところには、おそらくあったかな団欒の火は灯りはしないだろうと思うからである。

◉衝撃的写真

『写真でみる日本生活図引』（弘文堂）という書物を私は頗《すこぶ》る愛する。だからこそ、いまこういう本を書いているわけであるが、さて、この本の写真のなかで最も衝撃的だったのは、この「五畳半のすまい」という一葉である。

私の頭のなかの記憶では、大学に入った昭和四十二年、西暦一九六七年ころの東京は、もうすっかり近代化された大都会で、みながずいぶん豊かな暮らしをしていたように思い込んでいた。

しかし、それはとんだ思い違いであった。

昭和三十九年（一九六四年）に東京オリンピックが開かれた。その頃には、

東京都中野区（昭和40年４月）渡部雄吉撮影

東京にも首都高速の原初的な部分が完成していたし、学生たちは、たいていアイヴィー・ルックなどに身を包んで、豊かな青春を謳歌しているように見えた。まだ学生服を着て堅苦しい姿で歩いている学生もいないではなかったが、それは多く体育会に所属している運動選手たちであった。

ところが、この「五畳半のすまい」という写真が撮られたのは、なんと昭和四十年の四月だという。

つまり東京オリンピックの翌年である。

私どもが見せかけの豊かな学生生活を送っている陰で、じつは庶民の暮らしの実相は、かくのごときものであったと知って、私は愕然《がくぜん》としたのである。

その説明にはこうある。

「昭和三九年のオリンピック開催による都市整備によって、東京はあたかも一新されたかのように見えた。しかし住宅難は解消されず、昭和四〇年代になってもなお、戦後を引きずったままだった。東京に職を求めて地方から流入する人口の急増に、住宅が追いつかなかったのが原因である」

と。そうして、木造の賃貸アパート、という意味で、この写真のような住いをば

「木賃《もくちん》アパート」と呼んだのだそうである。

「昭和四〇年ごろ、都内に一棟五戸以上の木賃アパートは六八万戸あって、うち七七パーセントは一部屋のみ、さらにそのうちの六八パーセントは、（同前掲書）一部屋の広さが四畳か五畳、便所は七八パーセントが共同使用だった」

ということはつまり、五十二万戸ほどのアパートは一間きりで、さらにそのうちの、三十五万戸は四畳か五畳だったというわけである。そうして、この三十五万戸に、写真のごとく、一家五人が住んでいると仮定すると、じつに百七十五万人がこういう貧弱な住宅環境に甘んじていたということになってしまうわけである。おそらくその頃の東京都の人口の二割ほどであろうか。

この家は、五畳半だったとあるが、どうやら、その五畳はいわゆる縦五畳、そこに左のほうで奥さんが炊事をしている台所スペースが半畳ほどあって、あわせて五畳半ということになるらしい。

もちろん、まだ風呂も便所も各戸にはなくて、便所は共同、風呂は銭湯、ということだったに違いない。

台所といっても、現代のようなユニットキッチンなどはここには影も形もなく、炊事は、羽釜《はがま》の乗っている石油コンロと、ヤカンの乗っている七輪とを駆使しつつ、わずかに限られたスペースに身をかがめるようにして遂行《すいこう》したものであったことがわかる。

この家のテーブルは、父親と二人の息子が囲んでいる丸いそれで、これはちゃぶ台と言った。ちゃぶ台の足は折畳み式で、食事が済み、寝る時間ともなれば、この足を畳んで壁のところへ立て掛けておくのであった。

こういう折畳みのちゃぶ台については、私にも十分記憶がある。ただし、その記憶はせいぜい小学校低学年くらいまでで、高学年のころには、もうテーブルとイスの生活に切り替わっていた。そうして、まだどの家でもこうしたちゃぶ台を使っていた時代には、食事の支度が出来ると、お母さんの号令一下、ちゃぶ台を出すのは子供たちの仕事であった。少なくとも私の家ではそうだった。

丸いちゃぶ台を壁際から転がしてきて、適切なところに位置せしめると、まず足を立てて、次にその足が閉じないように、足と足の間に留め木を起す。……ちょっと文字で説明しても分かりにくいかもしれないけれど……このとき、木と木がこすれ合う、キッキキッという鼠鳴《ねずな》きのような音がした。このちゃぶ台を立てる音が、すなわち楽しい食事、団欒の時間の始まりを告げる、セレモニアルな音であった。

私の家は、私が幼稚園のころに大田区の住宅公社の近代的な鉄筋アパートに引っ越して、そこにはちゃんとキッチンの流しやガス台が設備されていたから、この写真のような炊事風景はもはや見ることがなかった。

しかしながら、それでも、私たちは家族雑居のこういう生活様式は維持していたのであって、そこには「子供部屋」だの「寝室」だの「ダイニングキッチン」だのというような用途別の部屋部屋などは想定されていなかった。家族というものは、いつもこうやって一つところに雑居しつつ、一目で家族全員が見渡せて、ちょっと声をかければそれで全員に意思が疎通し、三歩か五歩もあるけば何でも手に取ることができる、そして今まで食事をしていた場所に布団を敷いて寝る。そういう狭い空間を重層的に合理的に使いまわすのが、私どもの住宅というものの現実と知恵であった。

そうは言っても、私は小学校五年のときには、武蔵野市に出来た桜堤団地という公団住宅に移り住んだので、かかるアジア的混沌《こんとん》ともいうべき雑居生活からはかなり離れた生活に移っていった。

そこで、世間はみなそのように「進歩」していったのであろうと思っていたのだが、どっこい、私が高校二年生の昭和四十年になっても、まだ東京の住民の二割がところは、こういう五畳半の木賃アパートで、旧態依然たる雑居生活をしていたのだという。それは私の記憶とは大きく違っていたが、しかしそれこそが、のっぴきならない「現実」なのであった。この『日本生活図引』を見ながら私が衝撃を受けたのは、まさにこの現実を見ていなかった自分の意識への痛棒にほかならなかった。

しかし、もう少し考えを進めてみると、この五畳半のすまいのなかに雑然と溢れている「もの」の佇まいに注目してみなくてはいけない。

私どもの住宅は、今やはるかに進歩して、独りずまいの学生だって、七畳くらいのワンルームマンションくらいには住んでいるだろう。

けれども、家が広くなって、少なくとも外見は立派になっても、家のなかには、「もの」が溢れ返って、雑然たる混沌のなかに住む、というスタイルは実はそれほど変わっていないかもしれない。もちろんなかには片づけが好きで、物を置かない、モデルルームのような暮らしぶりの人もいるにはいるが、それはむしろ例外に属する。このことは、こういう雑居生活のほうが例外に属する西欧的すまいかたとは、正反対である。

私どもは、この意味で、昭和四十年の五畳半の暮らしを馬鹿にすることは許されない。いや、ここにこそ、日本的な重層的空間の把握と、合理的なすまいの一つのスタイルがあったと見てもよいのだから。どちらが上等でどちらが下等だとか、そんなふうに価値判断をするのは、必ずしも正しい態度ではあるまい。

私はこの写真をじっと見つめているうちに、ふと、この布団のなかに半分顔を出して寝ている男の子が、かつての自分自身であるような気がしてきた。

そうしたら、なんだかこの見も知らぬ五畳半が懐かしくなった。

◉首都高速と真っ赤なN360

東京都港区・赤坂見附（昭和39年８月１日）東京都提供

なんでも最初に首都高のごく一部が開通したのは昭和三十七年（一九六二年）で、そのときの通行料金は、わずか五キロ足らずの短い距離だったせいもあって、たったの五十円だったのだそうである。まったく隔世の感とはこれである。今は距離別料金ということになったけれど、その直前までは、通行料七百円であった。実に十四倍になったわけだけれど、その一律料金で走り回れた首都高の距離はとてもとても十四倍なんて程度ではなかっただろうから、総じて言えばずいぶん割安になっているとも言えるかもしれぬ。

その頃、私はまだ中学生で、むろん車など運転したことはなかった。私の家にはすでに自家用車があって、主に母が近所を乗り回していたが、その母の運転で初物の首都高を走った記憶はまったくない。

私の記憶のなかに首都高というものが現れてくるのは、ずっと後大学生になってからである。

私は二十歳の大学二年生のとき、すなわち昭和四十四年（一九六九年）の春に自動車運転免許を取った。

取ると間もなく、私は親に頼み込んでホンダのN360という小さな車を買ってもらい、たちまち自動車小僧となって、年がら年中車を乗り回すようになっていった。ほんとうを言えば、ホンダだったら軽自動車のN360なんかじゃなくて、二座オープンスポーツの名車S600に乗りたかったのだけれど、なにぶん親にねだって買ってもらうわけなので、そんな贅沢は許されなかった。

その頃私は、赤坂の大阪寿司の店でアルバイトをしたことがあるのだが、昼食付きの日当がわずかに六百五十円であった。今どきの大学生が一時間アルバイトをしたら八百円も千円も稼ぐことを思えば、ずいぶん薄給のように見えるけれど、それでもその寿司屋の店員たちからは、アルバイトの学生さんは給料がいいですねえ、と羨ましがられたものだ。

この日当を以て、当時三十一万円くらいで買えたN360を買うとすると、月に二十五日働きづめに働いても月給が一万六千二百五十円にしかならないので、おおむね十九ヶ月以上働いた給料に相当するのだった。これを現在の日当ベースで考えると、仮に時給八百円の学生が八時間働くと、一日に六千四百円。これを二十五日に積もれば、月給が十六万円である。その十九ヶ月となると、実に三百四万円に相当するわけなので、いかに自動車というものが当時は高い買い物であったかが分かる。

ましして、もしその頃定価が七十五万円であったＳ６００を買おうとすれば、その二・五倍近いものだから、つまりは一台が現在の貨幣価値にすれば七百六十万円ほどのものになって、それはとても庶民の手の及ぶ限りではなかった。

まだ、都内の至る所に都電が走っていて、明治通りなどにはトロリーバスもしきりと走り回っていた。そんな時代である。

運転が面白くて仕方なかったその時代には、私は用もないのにその真っ赤なＮ３６０で走り回った。なんだか、急に行動範囲が広くなって、東京が狭くなったような気がした。

私は三田の慶應義塾大学に通うのにも、このＮ３６０に乗って行った。贅沢《ぜいたく》といえば贅沢だけれど、なにしろ運転が面白くて、面白くて、もうどうにも止まらない、という感じだったのだ。

大学のちょうど裏手に都営のパーキングがあって、そこに車を停めて大学に通ったのだから、駐車料金もバカにはならなかったけれど、それでもまあなんとかなった。

この駐車場に、当時第一線の俳優であったＴさんが自家用車を駐《と》めていて、折々その車で出入するところを見かけたが、彼は黄土色の美しいミニ・クーパーに乗っていて、なんともいえず格好良く見えた。しかし、今ではなんでもない大衆車に見えるミニも、当時は百万円以上する贅沢な外車であって、今の貨幣価値に見積もれば一千万円もするという感じになろうか。

それで、庶民の財布ではとてもミニなんか買えないけれど、せめてはホンダのNでも買おうというわけで、Nは「Poor man's MINI」とも呼ばれていた。

しかししかし、バカにしたものではない。この吹けば飛ぶような軽自動車は、当時軽自動車と呼ばれていた種類の、たとえばスバル360とかマツダキャロルとか、そういうほんとにミニマムな車たちにくらべると、はるかに自動車らしく、しかも他社の軽自動車が多くバイクみたいな2サイクルエンジンを搭載していたのに対して、4サイクルOHC二気筒エンジンを積み、それをミニにならってフロントに横置きし、チェーンを介して前輪を駆動するという独自の技術を採用していた。そうして、驚くべきことに、このエンジンは毎分八千五百回転という高速回転が可能で、ともかく高回転で馬力を稼ぐという行きかただったから、私たちは、つねにアクセルを踏込んだ状態に保って、キンキンと甲高い騒音と共に、目まぐるしく変速ギアを上げ下げして走るのがN乗りの本懐というものであった。

こういうレーシングカーめいたチューニングのエンジンで、私の乗っていたスポーツタイプのそれはいくらか足も堅めにセットしてあったので、乗り心地はいかにもごつごつして荒っぽく、室内は騒音と、エンジンからの熱気と、そして路面からの振動に満ちていた。

いや、血気盛んな若い者には、そのラテン的とも言える荒っぽさこそが何ともいえない悦楽なのでもあった。

私などは、免許を取ったその日から、すぐに友達の車を借りて赤坂まで走って行ったくらいの運転好き、まして自分の車を得てからは、明けても暮れても車に乗って飛ばして歩いた。

そのエンジンやタイヤや、風切り音やらの騒音だけではまだ満足しないで、さらに、カーラジオをわざとオフチューニングにしてヴォリュームを上げると、エンジンのプラグから発せられる雑音電波がバリバリというサウンドとなってスピーカーから流れ出てくる。この騒音がまた、街道レーサーの私には、なんとも言えない快感であったりもした。

まったく若気の至りとは申せ、じつにどうもあきれ果てた所業ではあった。

たぶんその時代にはもう都心の中央環状線が出来ていたと思うのだが、通行料金はたしか二百円であったように思う。それで、どうしてもみっちり運転したいというときには、その二百円を払って首都高に乗り、中央環状をぐるぐると限りなく回っていればよかった。特に深夜の首都高は車好きのパラダイスで、みんな意気がって飛ばして歩いたものだった。

思い出すと、ほんとうに懐かしい時代だが、しかし、よくぞまあ事故死もせずにいたものだと、今更ながら背筋に冷や汗を憶えるのである。

◉渋谷が田舎だったころ

東京都渋谷区渋谷（昭和30年５月27日）共同通信社提供

渋谷は、思えばずいぶん静かな町だった。

今でこそ、渋谷の駅前は東京でも最もおしゃれな町の一つに出世して、年がら年中若い人たちで雑踏しているけれど、それは割合に最近になってからのことである。まして、今では渋谷と一続きのファッションの町と化した原宿などは、まったく閑静な住宅地に過ぎなかった。

私が大学生の時代には、渋谷駅前の佇《たたず》まいは、まだいくらかはこの写真のような田園的な空気を纏《まと》っていたような気がする。たぶん中央に見える看板建築的な駅舎はもう無くなっていたかと思うのだが、右手のほうに「渋谷駅　SHIBUYA STATION」と書いた長方形の看板が掲げてあるあたりの、薄暗い入り口の雰囲気は、なおこんなふうであった。

私が大学に入ったのは昭和四十二年の春で、その頃にはまだ都電は命脈を保っていて、この写真にあるような姿で渋谷周辺を走っていたし、いまは田園都市線に併合になって地下に潜ってしまっている玉川電車（いわゆる玉電）も、玉川通り（国道二百四十六号線）を元気に走っていた。まだ首都高速三号線もなくて、玉川通りは空の広い道だった。

慶應義塾大学は、一年二年の二年間は日吉の一般教養、三年になってはじめて三田の本キャンパスに移るということになっていたが、ただ、文学部だけはちょっと違っていて、一年生のときだけ日吉に通い、二年になると一足先に三田に移るのであった。

この日吉へ行くのは渋谷を始発とする東急東横線で、まだあの芋虫色と呼ばれた緑色の車体のまるっこい電車が主流だった。

当時から武蔵小金井に住んでいた私は、日吉へ通うには中央線で吉祥寺まで行き、そこで井の頭線に乗り換えて渋谷に出、それから東横線で日吉へという経路を採った。だから渋谷駅は毎日の通学路でもあり、大学からの帰り道にちょっと道草を食っていくのにちょうどよい場所なのであった。

戦前の慶應ボーイと呼ばれた人たちは、渋谷なんぞには縁が薄く、慶應と言えばもっぱら銀座で遊ぶものと相場が決まっていたけれど、私たちの時代は、もはや銀座は縁の薄い町で、渋谷のほうがずっと親しみがあった。

しかしそれでも、若者たちの文化となると、ちょっと新宿のほうがリードしていて、新宿三丁目とか歌舞伎町とかあちこちに若者たちをターゲットにしたディスコだとか安い酒場などがあって、新宿は深夜の二時三時になってもまったく雑踏の消えない、不可思議なほどのエネルギーを持った町であった。

それは一つには、唐十郎《からじゅうろう》のテント小屋だとか、東由多加《ひがしゆたか》の前衛演劇だとか、あるいはアートシアターの映画だとか、ジャズの牙城であったピット・インというジャズクラブだとか、当時の最先端のパフォーマンスが、みな新宿にはあったということもある。

大島渚監督の『新宿泥棒日記』などという映画が封切られて評判を呼んだのもこの頃だったと記憶している。

新宿の東口駅前広場には、フーテンと呼ばれる若者たちが群れ、それを目当てにまたアヤシイ薬物の売人などがウロウロしたり、サブカルチャーの牙城という意味でも、やっぱり新宿は東京の最先端で、渋谷は遥かにその後塵を拝するという感じだった。

しかし、渋谷には渋谷の文化があった。

なんといっても渋谷は、周辺に慶應、青山学院、国学院、駒沢、昭和女子などいくつもの大学を抱えて、大学生たちの町という性格が顕著だった。そうして、渋谷はまた、その背後に、青葉台、松濤、南平台、代官山、田園調布、自由が丘と東京を代表するいくつもの高級住宅地を従えて、新宿に比べれば遥かに穏やかな山の手の住宅地の雰囲気が漂っていたのである。

その一方で、道玄坂をのぼった右側の『百軒店《ひゃっけんだな》』から、その背後に連なる円山町《まるやまちょう》の色街は、この渋谷の町に独特の空気を添えていた。百軒店は、あの大正ロマンの時代に箱根土地という会社が中川伯爵邸を買い取って、そこを今風に言えば百貨店モールというか、そんなものを作ろうというので企画開発したものらしかったが、むろんそのころの佇まいはもはや残っていなくて、しかし、百軒店と書いたアーチを潜《くぐ》った向こう側だけは、ちょっとカスバ的なといってもいいような閉鎖された風俗街という感じがあった。

とっつきのところに道頓堀劇場という有名なストリップ小屋があり、奥のほうに進むにしたがって、だんだんと色街風の趣が漂ってくると、そんな空気だった。なかには大正ころから引き続きやってるかと思われるようなジャズ喫茶があったり、かつてに比べれば寂れたとは言え、なおまだいくらかは熱の余韻のようなものを残していた。

私は学生時代、折々この辺りに出没して、もてあましていた時間を潰《つぶ》したりした思い出があるが、なにしろ私は酒を飲まなかったので、このあたりにしょっちゅう出没して夜遊びをしたというようなことはなかった。夜遊びのほうは、もっぱら新宿の裏町のほうで励んでいたので、渋谷まで出撃してくる必要もなかったのだ。

この写真は渋谷の西口だが、反対の東口側には駅の背後に大きく写っている東横百貨店があった。たぶんその頃はまだ東急東横店とは言わなかったと思う。

そうして、その東横百貨店の前にもバスのターミナルがあり、長い空中廊下を渡ると反対側に東急文化会館があった。映画館やら劇場やら飲食店やらが入ったビルで、その屋上にちょっと珍しくプラネタリウムがあった。

日吉での講義が昼過ぎくらいで終ってしまったりすると、私は、よく女友達と渋谷に遊びに行った。

そういうとき、東急文化会館の屋上のプラネタリウムは格好の暇つぶし場所だった。どうしてこんなところにプラネタリウムを作ったものか、真意は分からないけれど、ともかく、真っ昼間から真っ暗な空間に、しかもイスに寝そべるような形で座って、疑似的天空を見上げていると、いっしゅ不思議な感覚を味わうことができた。

すぐ隣には、ちょっと好意を寄せていた女の子が、やっぱり寝そべって空を見上げている。その息遣いとか体温までも感じられるようで、私は思えばその疑似夜空の下で疑似恋愛的な思いを温めていたような気がする。

けれども、三十分くらいの星空放映が終って外に出ると、まるっきり散文的な真っ昼間で、別段それ以上に互いの気持ちが盛り上がるでもなく、「じゃ、またねっ」とか言って明るく別れるという結果になるのだった。その東急文化会館も、プラネタリウムも今はもう取り壊され、近頃「ヒカリエ」とかいう新機軸のビルになってしまった。

その時分は、いわゆる三派全学連なんてのが盛んで、私が大学二年のころには大学もバリケード封鎖され、新宿も渋谷もなんだか騒然とした空気に包まれるようになった。あれはたぶん「国際反戦デー」とかいう日だったかと思うのだが、たまたま渋谷にいた私は、電車が止められ、暴発的デモ隊と警官隊の衝突が起こり、催涙弾の煙が立ちこめるという騒乱状態のなかに巻き込まれたことがある。ここかしこに、投石をする人々、それを追いかける機動隊、なにがなんだか分からないという状況のなかで、私はたまたま偶然に一緒にいた女子学生と、必死に隣駅の神泉《しんせん》まで走って逃げたことがある。

神泉近くの公園まで来ると渋谷騒乱の物音ははるか遠くに去り、あたりは森閑《しんかん》と平和に静まり返っていた。ああ、渋谷ってのは住宅地なんだなあ、とその時、ふとそんなことを思った。

渋谷が再開発され、急速に若者のファッショナブルな町へと変貌を遂げて行くのは、それから後のことである。

◉馬糞の時代

東京都千代田区（昭和21年４月）菊池俊吉撮影

「都内の牛車」と題されたこの写真は、東京のど真ん中、千代田区のどこかで撮影されたらしい。戦後間もなく、昭和二十一年四月の風景だとある。千代田区のどこかということまでは詳しく分からないけれど、おそらくは丸の内あたりではなかろうか。

日本の道路に自動車が溢れるようになるのは、あの高度経済成長の過程に於てで、昭和で言うと、やはり四十年代まで待たなくてはならなかった。

それ以前の東京の街路には、自動車の影はまばらであって、私が子供だった時分を思い出してみても、せいぜい煙突からぼーぼーと煙を吐きながらノロノロと走っていたトレーラーバスやら、尻をからげてすっ飛んで行く風情の日野ルノーの神風タクシー、それから、フロントの部分にはズックの風よけが張ってあったりしたクロガネ三輪トラック、とまあそんな程度のもので、道にも信号なんかはほとんど無く、交通繁多な交差点では、真ん中に木の台を出して交通整理のお巡りさんが、あっちを向いたりこっちを向いたりして、人間信号機の役割を果たしていた。

私の家では、進取の気性に富んだ母が、父よりも早く運転免許を取り、私が小学校の五年だから、一九六〇年ころに早くも自家用車を買い入れた。クラス中で自宅に自家用車がある家などは、まあほとんどなかった。

その時分には、たとえば、甲州街道を走って行くと、舗装があるのは八王子の辺りまでで、その先の峠道からむこうはどこまでも江戸時代そのままの未舗装道路、よくても砂利道、悪ければ泥んこ、そんな調子だった。

当時信濃大町に作った小さな山荘に行くには、甲州街道はとても悪路でダメだったので、中山道ルートをとって、高崎から碓氷《うすい》峠を登り、軽井沢から沓掛《くつかけ》へ進み、やがて犀川《さいかわ》沿いに信州新町を経由して、そこからは山清路《さんせいじ》とよばれていたひどい悪路の峠道を踏破して、安曇《あずみ》平野へ抜けて行くというコースを取った。安曇野の道はもう田圃のあぜ道で、車はようやく一台通れるかどうかという心細い按配だった。

高速道路などはまだ近在のどこを見回しても存在せず、たとえばその信州までの道は、片道十二時間くらいかかる壮絶な強行軍なのであった。

しかし、そのかわり、都内の道は田園的に空いており、母がのんびりと運転していてもさしたる危険もないというわけであった。

ましてそれ以前、私が小学校低学年のころは（その時分は大田区に住んでいたが）さらに牧歌的で、町にはいくらでも馬車や牛車が歩いていた。

牛車は、中原街道あたりでもよく見かけたが、多くの場合は、大八車のようなものを引いて、のんびりのんびりと歩き、ときどき立ち止まってムェエエエなどと鳴いた。

馬車は、西部劇に出てくるような荷馬車を引いていることもあったけれど、もっと単純な木製の床の低い荷車を引いていることもあり、そんななかでは、よく肥担桶《こえたご》を積んだ馬車に出っくわした。

まだまだ下水道などは皆無だった時代のこととて、各戸ともに、便所は汲み取り式だったから、この肥担桶を積んだ馬車は町にはなくてはならないものなのであった。

こういう馬車は、もしかすると、都内にもまだいくらもあった農家から、ふだんは農耕馬として働いている馬に荷車を引かせて町場まで肥えを汲みに来たのであったかもしれない。なにしろ、私が武蔵野に引っ越したころ（一九六〇年）でも、郊外の畑には人糞を肥料として撒くことが当たり前で、そこらじゅうに肥溜めがあったし、そこから盛大に糞尿を撒くために、年中ひどい臭いが漂っていたものだった。それを「田舎の香水」などと言ったのも、懐かしい思い出である。

この、とりわけて馬車を引く馬というやつは、どういうものか、年中クソを垂れるのであった。

見ていると、歩きながらでもするし、ちょっと立ち止まって盛大にどさどさと落していくこともあったが、そういう場合の馬糞は別段取りかたづけるでもなく、ただもう垂れ流して行ってしまうのを習いとした。

馬糞の場合、馬は草のようなものしか食べていないので、糞といってもさして穢いものではなく、また臭気もあまりなかった。色からすると黄色い藁《わら》の砕けたような調子のもので、したてのやつはまだホカホカと湯気が立っていたりもしたけれど、それがやがて踏んづけられ、乾いてくると、いつのまにか藁ぼこりとさして変わりない姿になって、風に吹かれて雲散霧消してしまうのが常のことであった。

昔はなにしろ暢気《のんき》で、そういうふうに町中の路上に、それこそあちこちと馬糞の山が出来ていようとも、それを気にする人はほとんどなく、また不衛生の廉《かど》を以て馬の主を非難することもなく、誰もが当たり前のこととして、平気で受け入れていたのである。

もっとも、道路自体が、東京都内でも舗装なんかほとんどなくて、今申した中原街道あたりの幹線道路でも、舗装は道路幅の半分くらい、中央の辺りに往復二車線のコンクリート舗装が細々と施されていた程度のものである。武蔵野のほうまで下ってくると、戦前から軍用道路として使われていた五日市街道はコンクリートで舗装されていたけれど、住宅地のなかの生活道路のたぐいはどこもみな未舗装であった。

したがって、そういう泥の道に馬糞が落ちていても、その馬糞は、しだいに道路の土と同化して消えてしまうから、原理的にもさして問題にはならなかったのである。

考えてみると、あの頃の道路はずいぶんでこぼこで、雨が降るとたちまち泥田のようにぬかるみ、乾けば土ぼこりを巻き上げて始末が悪かった。

けれども、そういう原始的な泥道には、冬の朝などは一面に盛大な霜柱が立ち、私たちはその霜柱をサクサクと踏みながら学校に通ったものだ。

また梅雨どきなど、道に大きな水溜まりができると、私ども男の子たちは直ちにその泥水のなかに踏込んで行った。だから、学校から帰りつくころには、長靴も半ズボンも泥でビタビタになっており、その長靴のなかにも泥水が入ってズクズクと音をさせながら帰ったものだった。

それでも、そういう水溜まりで、ダムを造ったり、笹舟を浮かべたり、想像力豊かな男の子たちにとって、遊びの種はいくらでもあった。

そうそう、また道路の脇には、ちゃんと枡の切っていない泥のままのドブなどがいくらもあって、そういうところにはガマズミだの、スカンポだの、タケニグサだの、いろいろな草が生えていた。このガマズミの葉などは、採って糸で巻いてドブのなかに垂らしていると、それでカエルが釣れるなどと言い伝えられていたが、じっさいには決してカエルの釣れたためしもなかった。

もう今では、だいいち馬も牛も実物はほとんど見たことがないという子供も多かろうし、まして、そこらの道に馬糞が落ちてる景色などは想像も付かないに違いない。けれども、あの冬の凜冽たる冷気のなかを、ホカホカと馬糞が湯気を立てているのを横目でにらみながら霜柱を踏んで学校へ通った、ああいう経験をまったくしないいま大人になってしまう今の子供たちは、なんだか気の毒に思える。

なぜなら、霜柱も馬糞もカエルもガマズミも、みな正真正銘生きている現実であって、コンピューターのなかのヴァーチャルな存在ではなかったからである。人は、正《しよう》真《しん》の現実からは多くのことを学び、想像することができるけれど、ヴァーチャルな仮想現実からは豊かな想像は生まれてこないような気がするのである。

◉黒煙上がれば国威も揚がる

東京都千代田区丸の内（昭和29年12月18日）東京都提供

十九世紀に入って間もなく、一八〇一年にイギリスの画家フィリップ・ジャック・ド・ラウサーバーグが描いた『コールブルックデイル夜景』という絵がある。この絵は、産業革命の象徴的存在であった、コールブルックデイルのメドリーデイルの製鉄所を描いたもので、そのモチーフは真っ赤に灼熱する溶鉱炉の光と熱と煙を、壮絶な色調で描き切ることにあった。それゆえ、製鉄所そのものは溶鉱炉の光のシルエットの形で描かれ、幾重にも幾重にも熱い煙が空を焦がし、画中のあらゆる煙突からボウボウと黒煙が噴出している。

こういう絵を描いたのは、もちろん、かかる光景が、光輝ある大英帝国の、世界を席巻しつつある偉大なる国力をもっともよく象徴すると考えられていたからにほかならない。

それは一八四四年に、あのウイリアム・ターナーが描いた有名な風景画『雨、蒸気、速度』にも共通して言える思想である。この絵のなかで、ターナーは、当時の最先端の鉄道であったグレートウエスタン鉄道の蒸気機関車が、ロンドン西郊の牧歌的なメイドゥンヘッドの高架橋を、こちらに向かって突進してくるところを描き、列車が吐き出す蒸気や煤煙《ばいえん》、そして恐るべき速度で迫ってくる運動の諸相が、イギリス近代の勝利を謳歌するものとして描き出したものと思われる。

そしてまた、そのターナーが『雨、蒸気、速度』を描いた翌年、デイヴィッド・コックスという画家が『太陽と風と雨』という風景画を描いている。

この絵はちょっと不思議な構図で、近景に草叢《くさむら》と三本の木、そのやや向こうに白い馬に二人乗りした男女が描かれていて、この女がこうもり傘を差している。どうやら通り雨が落ちているらしい。そうして遠景には、いわゆる「馬の背を分ける」驟雨《しゅうう》の有様がありありと写されていて、右のほうへいくほど雲は黒く雨は強い。しかし左の端のあたりはすでに雲が切れて青空さえ覗いているのである。よくよく目を凝らして見ると、その降りしきる雨に打たれているあたりの地平近くに白い風車小屋が、そして左のほうの地平近くには疾走する蒸気機関車が、あたかも風車から遠ざかるように描かれている。

この画像の意味するところは、風車は旧時代・前近代のシンボルなのであり、煤煙を振りまきながら轟音とともに疾駆する汽車こそが新しい時代の栄光のシンボルであったに違いない。馬上の人も、野の農夫も、今や風車の時代を捨てて汽車の時代、蒸気の時代へと心惹かれているということを、つまりこの絵は物語っているのである。

こういう名のある画家の名品を持ち出すまでもなく、十八世紀から十九世紀にかけてのエッチングによる風景画のなかには、遠近さまざまに高い煙突を林立せしめて、そのどれからも黒煙が吐き出される様を描いたものが少なくなく、風景のアクセントとして煙棚《たなび》引く煙突を点景するということは決して珍しくなかった。

今でこそ、環境問題などが囂《かまびす》しい議論になって、大気汚染は近代化の由々しき一大事として「退治」すべき対象となりおおせたけれど、そういう風に日本人が考えるようになったのは、それほど古いことではなかった。

私どもも子供のころよく歌った童謡に『みかんの花咲く丘』というのがある。

みかんの花が　咲いている
思い出の道　丘の道
はるかに見える　青い海
お船がとおく　霞んでる

と歌い出されるあの歌で、作詩は加藤省吾である。この二番に、

黒い煙を　はきながら
お船はどこへ　行くのでしょう

波に揺られて　島のかげ
汽笛がぼうと　鳴りました

と歌われているのを読むと、この船が暢気《のんき》な帆掛け船ではなくて、近代的な外航船であることがわかる。しかもわざわざ「黒い煙をはきながら」と詠じているのは、この黒煙にまったくネガティヴなものを感じていなかったことを示している。みかんの花が咲く丘から見下ろす青い海に、黒煙を吐きながら進んで行く船。それはとりもなおさず明るい未来へと続いて行く外国航路の夢をかなえてくれるシンボルなのであった。この歌は昭和二十一年に川田正子の歌でヒットしたもので、国破れて山河在り、戦争の敗北で打ちひしがれていた日本人に、それでもまたたくましく黒煙を上げて外国へのしていく船があることを歌って励ましたという機微があったものと思われる。

私どもが子供時分に歌った童謡に、また富原薫作詩『汽車ポッポ』というのがある。「汽車　汽車　ポッポ　ポッポ　シュッポ　シュッポ　シュッポッポ、僕等をのせて　シュッポ　シュッポ　シュッポッポッポ……」と歌い出されるあの歌であるが、この三番に「汽車　汽車　ポッポ　ポッポ　シュッポ　シュッポ　シュッポッポ、煙をはいて　シュッポ　シュッポ　シュッポッポッポ……」と、やっぱり煙が歌われていて、その先に

「行こうよ　行こうよ　どこまでも、あかるい　希望が　まっている」という文言が続くのであった。

ここでもまた、コックスの風景画に於ける「煙を吐いて疾駆する汽車」と同じように、煙を吐いて進む汽車は、明るい未来への希望のシンボルであった。

『汽車ポッポ』は、実は昭和十四年に作られた『兵隊さんの汽車』というのが原作で、もともとは軍国的な内容を含んだものであったらしい。現在のこの歌詩は昭和十四年十二月に改作されたものだということである。

そういえば本居長世の作詩作曲による『汽車ポッポ』という同名異作も良く知られていて、これは昭和二年の歌である。

お山の中ゆく　汽車ポッポ
ポッポ　ポッポ
黒いけむを出し
シュシュ　シュシュシュ
白いゆげ吹いて
機関車と機関車が

前ひき後おし
何だ坂　こんな坂
何だ坂　こんな坂
……

という作であるが、ここでも「黒いけむ」に対する憧憬《しょうけい》的意識が見て取れる。
また、あの『炭坑節』には、もっと直接に、

月が出た出た　月が出た
三池炭坑の上に出た
あんまり煙突が　高いので
さぞやお月さん　けむたかろ　さのよいよい

と歌い上げているが、これまた煙突から吐き出される黒煙すなわち石炭産業の盛んなることの象徴で、「けむたかろ」と言いながら、その実はちっとも煙をいやなものだとは思っていないのであろう。
私どもは、そういう「近代讃仰」の最後の世代であって、こういう暢気な時代はもうすぐに終わり、やがて公害として忌避する時代がやってくる。その直前まで、私た

ちは町の絵を描く時には、かならず煙を吐く煙突を描き添えたものだったが、それはつまり、ド・ラウサーバーグやターナーの描いた十九世紀的な意識と本質的にはかわりがなかったのである。

◉テレビ様降臨の日

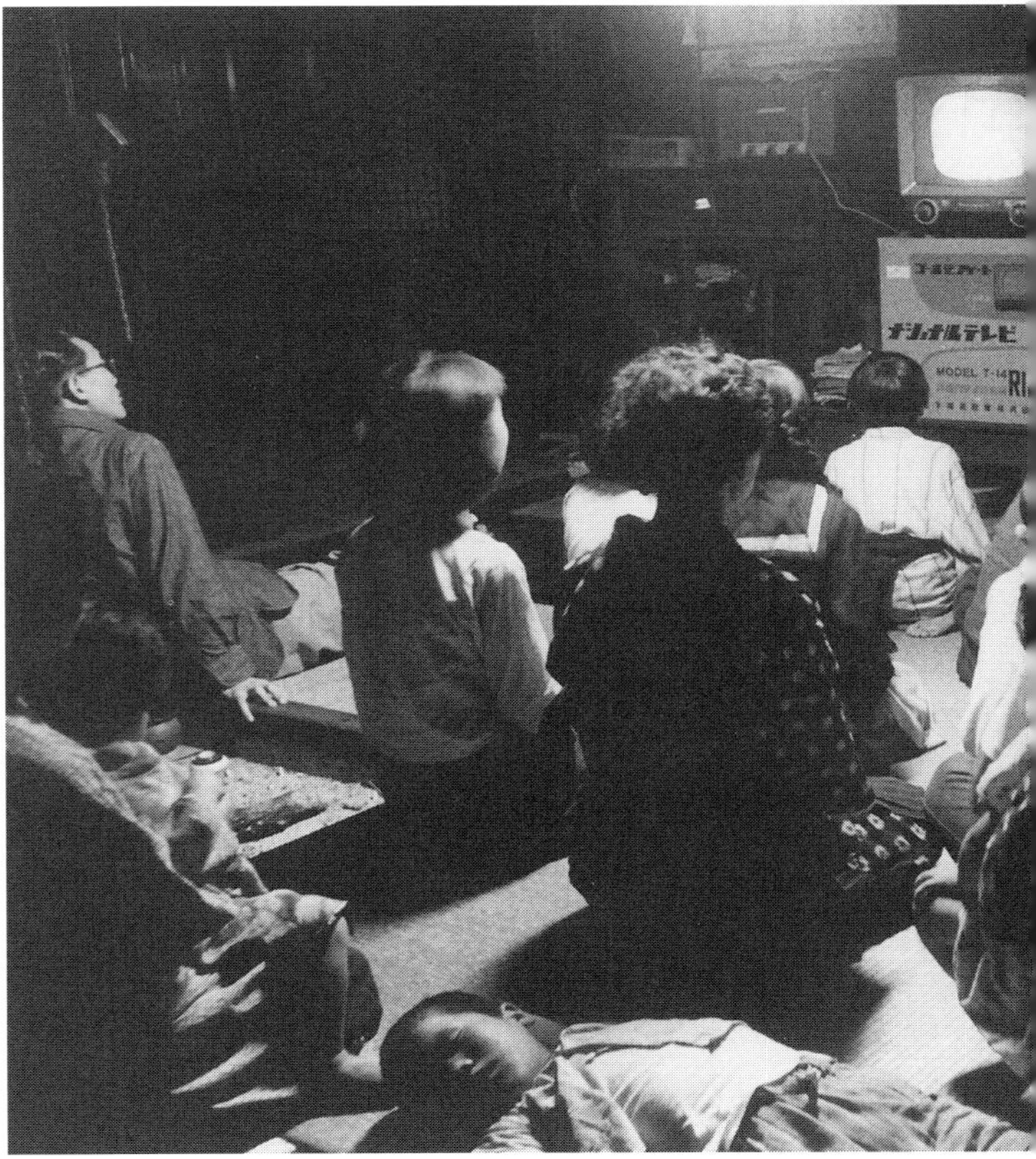

新潟県岩船郡朝日村（現村上市）三面（昭和34年７月）中俣正義撮影

最近、『映像で綴る20世紀の記録』というドキュメンタリーを見ていたところ、テレビというものは、アメリカではすでに一九二八年には試験放送が始まって、一九三九年にはNBCが商業放送を開始し、折からのニューヨーク万国博覧会の開会式の模様を中継したのだと知ってびっくりした。テレビなんててっきり戦後のものだとばかり思い込んでいたからである。

そうしてあの十二月八日の真珠湾攻撃の模様も、CBSテレビによっていち早く全米に放映されていたのだというから二度びっくりであった。なんだか日本憎しの世論形成のためにテレビ局がカメラを並べて待ちかまえているところへ、飛んで火にいる夏の虫よろしく、日本軍が殺到したのであったかもしれない。

一九四八年、アメリカにはすでに三十六局のテレビ局が放送を競っていて、受像機の数は早くも百万台を突破していたのだそうである。そうして、なおびっくりなことに、一九五一年には、カラー放送が開始されたというのであった。

これに対して、日本での商業的なテレビ放送が開始されたのは、ずっと遅れて昭和二十八年(一九五三年)二月一日のことであった。まずNHKが、すぐに日本テレビがこれに追随して八月二十八日に放送を開始した由である。

　その時の日本の受信契約数はわずかに八百六十六件であったというから、彼我の違いは天地雲泥というも過言でなかったわけである。その頃、小学校の先生の初任給が五千八百五十円だったのに比べて、テレビ受像機が一台十八万円もしたというのだから、とうてい庶民には手の届かぬ高嶺の花であったことは当然であった。仮に、今の小学校の先生の初任給を二十万円とすると、当時の十八万円は、現在の六百万円ほどにもなる勘定だ。

　だから、放送が開始になってしばらくの間は、街頭テレビというのが普通で、今どきの言葉で言えばパブリックビューイングというべきスタイルで見た記憶がある。

　テレビは、繁華街の街頭とか、マーケットの入り口のようなところに設けられていて、放映中はいつも黒山の人だかりがしていた。

　その頃、街頭テレビを最も賑《にぎ》わしていたのは、力道山のプロレス中継あたりで、私も、その空手チョップをどこかの街頭で見た記憶がある。

　最も鮮烈な街頭テレビの記憶は、ずっと下って一九六〇年の秋、日本社会党の委員長だった浅沼稲次郎が山口二矢《おとや》に刺殺された、あの恐るべき暗殺事件である。当時すでに私の家にはテレビがあったけれど、たまたま買い物に出かけたスーパーマーケットの店頭のテレビで騒然たる緊急報道が繰り返し流されていた。

少し遡って、私の家に初めてテレビがやってきたのは、たぶん昭和三十三年（一九五八年）のことだった。まだ大田区のアパートに住んでいた小学校三年生の時である。当時、そのアパートの隣に電通に勤めている人が住んでいて、彼の家には、仕事柄いち早く時代の最先端のものがやってきた。

それで、最初はこの隣人の家にお邪魔して「貰いテレビ」をしたものだった。

この写真に写っているテレビ受像機は、当時第一流のメーカーであったナショナル製で、なんと麗々しくその外箱の上に、ブランドを誇示するかのごとくどっかりと鎮座ましましている。

そうしてそのテレビ様に向かって、鞠躬如《きくきゆうじよ》として拝見し
ている趣の人間たちは、寝ている子供まで入れると、なんと十四人もいる。だから、もしかすると、この聴衆のなかには、家族だけでなくて、子供たちの友達とか、お隣のお姉さんとか、そういう「貰いテレビ」の人が交じっているかもしれない。

ところが、或る時、妹がテレビを見せてもらっているうちに、その家の息子と喧嘩

になったらしく、泣いて帰ってくるという事件が起こった。それで、癇癪《かんしやく》持ちの父は、何が何でもテレビくらい買ってやるということになったのだった。

ところがこういうことになると、父はからっきし手腕がなくて、新しいものにチャレンジするのはいつも新しいもの好きの母であった。

母は下町の世話好きな商人であった兄の改造伯父に相談すると、伯父は、秋葉原あたりにいくらもあった零細なテレビ屋の作った受像機を安く買ってくれた。たしかあれは理研テレビというのであったような気がする。

この改造伯父は、気のいいオッサンで、秋葉原あたりにはいくらも友達がいたらしい。それで、東芝とかナショナルのようなブランド物ではなくて、遥かに値段の安い零細なアセンブリーメーカーの受像機を手に入れてくれたというようなことを、母が話していた。実際にどのくらい安かったのかは知らないけれど、おそらく半額とかそういうようなことでなくては、到底安月給の下っ端役人であった父の給料では購《あがな》い得なかったに違いない。

ともあれ、その四本脚のついた、角の丸いブラウン管に、二つの丸いツマミの付いた、初めてのテレビは、私の家の居間にどーんとやってきた。

その日、受像機を運んできた電気屋のオヤジは、妙に上機嫌で、屋根に四角いようなアンテナを取り付け（鉄筋四階建てのアパートだったから、アンテナはその屋上に立てるのだった。段々と多くの家にテレビが入るようになると、屋上にはニョキニョキとアンテナが群がり立って、ちょっと異様な景色になった）、そこから、ひもかわウドンみたいなアンテナ線を引き込み、あちこちハンダ付けしたりして、これでテレビ設置はなかなかの大仕事なのだった。アンテナが繫がってからも、オヤジは受像機の背後にあるスイッチのようなもの、ツマミのようなものを、微妙にいじくりながら、なかなかはっきり映らない画像を、次第に良く見えるように調整して行った。そこがこの電気屋オヤジの職人技の見せ所なのであったろう。

現代では、またテレビも地上デジタルだの、ハイビジョンだの、CSだの、サラウンド音声だの、それはもう鬼面人を驚かすような新機軸がうんとこさひっついて、そこへチューナーだの、ビデオレコーダーだの、DVDプレーヤーだの、いろんなものを繫ぐせいで、これでまたテレビの設置というのも簡単ではなく、やっぱり専門職の人を頼まないと正しく接続できたのかどうか覚束ないということになってしまったのだが、この黎明期のテレビ設置は、それとは全然違った意味で、非常に専門的な知識と手技と道具を要する一大事業であったのだ。

かくてすっかり設置が終ると、その大仕事の完了を祝して、電気屋のオヤジもいっしょになって祝杯を上げ御馳走を食べた。ずいぶん胡椒《こしょう》の効いたウインナーソーセージを、その時食べながら、私は、惚れ惚れとテレビ画面を見つめていた。何を見たかはもう憶えていない。ただ、見ながら大人たちが、ほんとうに嬉しそうにして、いままでとはうんと違う空気が、その時家のなかに生まれたような気がしていた。

やがて電気屋のオヤジは、「部屋を暗くして見ると、目を悪くしますからダメですよ。部屋は明るくね。それから、このブラウン管の対角線の二倍半以上は離れて見ないと、それもやっぱり目を悪くしますからね」とくれぐれも諭《さと》しつつ、夜更けて引揚げていった。それは私の家にとっての歴史的な一日であった。

◉夏休みと洗濯機

洗濯機というものを初めて見たのは、たぶん私がまだ幼稚園に行っていた時分ではなかったかという気がする。

なにしろ、ほうとするほどの昔で、その記憶は霧中の帚木《ははきぎ》のようにも曖昧《あいまい》模糊《もこ》としているのだが、それでも、その新式の文明機械がどのようなものであったかという画像は、くっきりと思い出すことができる。

私の母はもう十五年以上も前に亡くなったが、その母に二つ三つ年の離れた兄があって、浅草橋あたりで繊維卸の店を営んでいた。それで私どもは浅草橋のオジサンと呼んでいた。前項「テレビ様降臨の日」にもちょっと書い

長野県下伊那郡阿智村駒場（昭和32年6月7日）
熊谷元一撮影・熊谷元一写真童画館所蔵

た改造伯父がその人である。

この伯父は、酒に焼けたような赤ら顔をし、短く刈り込んだ頭は若いころから胡麻塩混じり、歯と歯の間から空気をシーシーと音立てて吸い込んだり、せっかちらしく首を左右に捻ったり、目尻を下げてへへへへと笑ったり、いかにも気のいい下町のオッサンという感じの人柄であったけれど、それでも私ども兄弟にはいつも親切で気前のよい伯父であった。

この伯父はまた、新しいもの好きで、時代の先端を行くようなものは、いつだって真っ先に手に入れなくては気が済まないというようなところがあった。

調べてみると、日本で電気洗濯機が初めて作られたのは、遠く昭和五年のことだったという。しかし、その頃は、とても庶民の手の届くものではなくて、一部の特権階級の家庭のみの夢の機械であったに違いない。

私が幼稚園時代というと、昭和の二十八年頃だが、たしかにその時分に、伯父が電気洗濯機というものを買ったから見に来いというので、母や兄といっしょに浅草橋まで見物に行ったことがある。つまり、そのくらい、当時は洗濯機なんてものは珍しいものだったわけである。

初めてみる電気洗濯機は、大きなドラム缶のような格好の白い円筒型で、たしかに三本の足がついていた。そうして、中を覗くと、中央ににょっきりと突き出た棒のようなものがあって、それに三枚の羽が付いていた。

伯父は得意満面という風情で、この白いドラム缶風の機械に洗濯物を入れ、水を入れ、洗剤を入れて、それからおもむろにスイッチを入れた。

ゴンゴンゴンゴンという、おっそろしいような音がして、中の羽根付き棒が右へ回ったり左へ回ったりしながら、洗剤と洗濯物を攪拌《かくはん》し、盛大に泡が立った。

伯父は、歯をシーシー言わせながら、この新機軸の機械を一頻《ひとしき》り操作して見せ、母も、たぶんやっぱり見物に来ていた祖母も、感に堪えたように「へえーっ」と嘆息を漏らした。

記憶はただそれだけである。

洗濯機は、伯父の家の風呂場の辺りの薄暗いところに置かれていたが、その白い巨体からは不思議な光芒が放たれているような感じがした。

それからしばらくして、私の家にも洗濯機がやってきたが、これはたぶん妹が産まれるというので、そのおしめの洗濯やら、しょっちゅう服を泥だらけにしてくる二人の息子やらの洗濯物がおびただしくて、やっぱり新しいもの好きだった母としては、万端やり繰りして最新式を買い入れたものでもあったろう。

それまで母は、例のあのぎざぎざと凹凸のついた洗濯板を、大きな金だらいに突っ込んで、手でごしごしと洗濯をしていたが、しゃがんでしなくてはならない洗濯仕事は、ほんとうに苦痛の伴うものであった。私なども、そのごしごしと洗濯板にこすりつけてする旧式の洗濯をやったことがあるけれど、腰も足も手も肩も痛くなって、非常な重労働なのである。

ところが、このとき私の家にやってきた洗濯機は、伯父の家で見たのとは全然違う格好をしていた。

それは、四角くて、白くて、脚なんか生えてなくて、上部にはハンドルつきのローラー絞り器が付いていて、水槽内には、たしか横の壁面に黒い羽根付き回転板が取り付けられていたような気がする。そうして、洗濯物と水と洗剤を入れて、スイッチを入れると、その回転板がぐんぐん回って洗濯物を渦巻きのように回転させるということになっていた。しばらくすると回転方向が反転して、逆向きに水流が回り始める。それがしばらくあっちこっちして、いつのまにか汚れが落ちるというわけであった。

この洗濯機にはとくに思い出がある。

それは、とくに夏休みなど、私どもはしばしば洗濯の手伝いをしたからである。

いや、別段に感心なる孝行息子だったというわけではない。ただその洗濯物を水槽から摑《つか》み出して上部のゴムローラーに挟み、おもむろにハンドルを回すと洗濯物はローラーに挟まれて、あたかものしイカのように真っ平らに潰され、その間に水が絞りおとされて、この写真のように受け皿としてセットされた蓋の中に落ちるというわけであった。

子供心には、水の中ではまるでクラゲのようにたよりなく不定形に漂っている洗濯物が、ひとたびこのローラーに挟み絞られて水分を失うと、板のようになってコトンと蓋に落ちてくる、その変身ぶりがいかにも楽しかったわけである。

それに、このような単純作業であっても、たとえば厚手のものなどを考えもなしに挟み込むと、ローラーの弾力の限界を超えて、途中で引っかかって停まってしまう。だから、水槽からつかみ出したら、よくそのものの形を考えて、適宜に畳むなどして整形しつつローラーに挟み込んでやる。そうすると、洗濯物は、停まりもせずゆるゆると、しかし頼もしい手応えを感じさせながら、ローラーの反対側に突出《とっしゅつ》してくるのだった。

その頃はむろん冷房なんか無い時代で、夏休みになると、そこらじゅう開けっ広げで、汗をかきかき暮らした。夏休みの朝は、いつも早起きしてラジオ体操に行き、帰ってくると、玄関の前とか前の道だとかを掃除して、水を撒き、そうするたびに、たしか十円だかのお小遣いを貰ったものだった。このお掃除の「アルバイト」代を夏休み中使わずに貯めておくとひと夏で三百円ほどになり、それに少しだけ母が足し前をしてくれて、新学期になるころ、新式の鉛筆削り器を買ったりした。その鉛筆削りは半世紀ほどを経て、なお私の机にある。

そういう夏休みのお手伝いのなかで、洗濯絞りは、楽しい仕事だった。なぜかというと、冷たい水の中に手を突っ込んで、全身びしょぬれになりながらやるので、ともかく涼しい思いができたからだ。

やがてすっかり洗濯物を絞ってしまうと、こんどは濯《すす》ぎ洗いにかかる。そうして濯ぎ洗いが終ってから、また絞り仕事をする。そんな風にして、昔の子供たちは、別段日々の勉強なんかしなくてもよかった分、親の仕事を手伝ったり、ちょっとしたものを買いにお使いに行ったりして、家族がみんなで、なにか力をあわせて家庭を営んでいたというところがあった。

そうやって洗濯が終って、母が物干しにそれらを干し終えるころ、大きな氷塊を氷室に入れて冷やす木製の原始的冷蔵庫から、毎日配達されて来る瓶詰めのヨーグルトを取りだして、冷たくて美味しいなあと思いながら、舌鼓《したつづみ》を打った。それも夏休みの日課なのだった。

あの頃のことを思い出すと、ほんとうに日本は貧しかったけれども、ある意味で幸福だった。

そうして、母なども、息子たちの屈託ない笑顔を見ながら、ささやかな幸福感を味わっていたに違いないという気がするのである。ああ、遠い昔。

◉乙女たちの晴れ姿

新潟県・魚沼地方（昭和30年代）中俣正義撮影

いまはもうあまり歌われなくなってしまった唱歌に、『夏は来ぬ』というのがある。佐佐木信綱の作詩、小山作之助の作曲にかかる名曲であるが、この詩がことにまためでたい出来栄《できば》えで、これを読むと日本の夏というのがどういう季節であったかがよく分かる。

もはやご存知ないという若い方々のために、その佐佐木信綱作の詩を以下に復習しておくことにしよう（これには小異ある幾つかのヴァージョンがあるのだが、ここでは便宜、明治三十八年、『新編教育唱歌集（五）』に出ているそれを引用する）。

一、うの花のにほふ垣根に、時鳥《ほととぎす》
　早もきなきて、忍音《しのびね》もらす、夏は来ぬ
二、さみだれのそそぐ山田に、賤《しづ》の女が、
　裳裾《もすそ》ぬらして、玉苗《たまなへ》うゑる、夏は来ぬ
三、橘のかをるのきばの窓近く
　蛍とびかひ、おこたり諫《いさ》むる　夏は来ぬ
四、楝《あふち》ちる川べの宿の門《かど》遠く、

五、さつきやみ、蛍とびかひ、水鶏《くゐな》なき
　卯の花さきて、早苗うゑわたす、夏は来ぬ
水鶏声して、夕月《ゆふづき》すずしき、夏は来ぬ

というのである。

このうち、二番の「賤の女が」という一句は、後に「早乙女が」と改められて今日に到っているので、ほとんどの方はここを「早乙女が」と記憶しておられるだろう。「賤の女」は、宮中の姫君や女房たちのような雅びやかな女性たちに対置される言い方で、ふつうの農村漁村の庶民的な女性たち、いわば鄙《ひな》の女たちを言うのであって、蔑称的な意識はほとんどなかったのが往古の伝統であったけれど、この歌を歌う児童たちがほとんどその「賤の子」たちであるということからして、もう少し穏当な言葉をという要請から、美しく「早乙女」と言い直したものかと思われる。

が、要するに、賤の女といい、早乙女といい、いずれも実質的には同じことなのであって、要はそういう農山村の女性たちが働く姿がここに点綴《てんてい》されていると見ればよいのである。

ただし、その早乙女という言葉にしてからが、今日ではどういうイメージを持っているのか、ほとんど誰にも分からなくなってしまったのは悲しい。

さて、この歌には、いくつもの「さ」が出てくる。

さおとめ

さみだれ

さつきやみ

さなえ

これらに共通する属性は何であるか。いうまでもない、それはこれらの語彙がみな稲作に関係しているということである。

「さおとめ」というのは田植えをする女たちの謂いであるし、「さみだれ」はその田植えの時期に降る長雨を謂うのだし、「さつきやみ」は、その長雨の頃には空が雨雲に覆われて月も星も見えないので、夜が漆黒《しっこく》の闇に閉ざされる、その闇をば、かく謂うわけである。また「さなえ」は、そのものずばり、田植えに植える稲の苗である。

ということは、どうも「さ」というのは、田の稲作に関係した何かであることが分明となるが、このほか、「さくら」なども、もともと田の神の憑《よ》りつく聖なる樹なのであった。桜が咲くと宴をするのはその名残りである。つまりはいかに日本の国は稲作と深い関わりを持ってきたかということの証左であって、しかもその稲作にとってもっとも大事な時期が、すなわち田植えの月「さつき」だったのである。

そうすると、この「さつき」の頃には、農山村では敬虔なまでの祈りを以て大事な「さなえ」を植えたものと考えるのが当然で、田植えこそは、農家にとってのもっとも晴れの舞台であった。

ところで、日本というのはちょっと面白い国で、たとえば「乙女」と言う時、それは必ずしも生理学上の処女を意味していなかった。むしろ処女などというものは、ほとんど珍重されなかったのが、わが日本の目出度い風習で、ただし、晴れの時、なにかの祈りの場、重要な神事に関わる場合、これらの、つまり神の前に敬虔な祈りを捧げなくてはいけない場合には、その時だけ、男女は別の家に入り別の火で煮炊きして、清浄潔白《しょうじょうけっぱく》なる生活をし（それを「物忌み」と言った）、それによって汚れを祓い落して神前に奉仕するの資格を得ると見做《みな》したのである。御都合主義と言えばその通りだけれど、それが日本の麗しい伝統であったのだ。

そうして、女性たちは、今日の中学生くらいの歳にもなれば、初潮を迎えて、童から娘になった。娘になればもう立派な大人で、だからこそ初潮には赤飯を炊いて祝ったりもしたのである。それがつまり神に仕える一人前の女たるの資格を得たことを意味したからで、これを姑息《こそく》に隠蔽するような意識はほとんどなかった。

子供はみな、はやく一人前の大人になりたいなあと思いつつ育つ。そうして昔の暮らしのなかでは、子供と大人とは、着ているものも、髪形も、言葉遣いも、名前さえもみな変わるのであった。

義務教育などがなかった時代には、そうやって娘たちはすぐに大人の仲間入りをして、十三、四からは大人として働き、むろん男とも契ったし、子供を産みさえした。しかし、田植えのような時になれば、ちゃんと物忌みをして「乙女」となって神事に奉仕したのである。「さおとめ」というのは、つまりそういう田の神に奉仕する乙女というほどの含意であったに違いなく、そうであることの印として、みな立派な身なりをして田に入ったものであった。

この写真の右三人の娘たちはまだ中学生で、これから山へ山菜採りに行く所だという。しかし、このスタイルは山菜採りだけでなくて、田植えの時にも身に付ける形で、諸国おおかた皆こんな姿で田に入ったのである。

これを野良着と言ったが、じっさいはお国言葉でいくらも言い方があるらしい。上には絣《かすり》の小袖を着、下にはいわゆる裁《た》っ着《つ》け袴、そして手拭いを被った上に菅笠《すげがさ》を括《くく》り着けて、足は地下足袋のようなものや草鞋《わらじ》などを履く場合もあった。さらに短い絣の前掛けを着けるというのが、いわば「鄙の正装」「賤の晴れ着」なのであった。

この写真の娘たちの楽しそうな、嬉しそうな表情を見よ。これはいわば晴れ着を着て、一人前の娘として堂々と歩みゆく気概が横溢している顔である。

かくのごとく、菅笠を被るというのも、実はそこに神が宿るということの表象であったと解釈される。晴れの晴れたる祭の場には、花笠のようなものを被って踊る人が現れるのが当たり前に見られたのだが、それもまた、かぶり物をしていることが神の憑依《ひょうい》を示す印であったからである。

こういう風俗が「鄙」から消えて久しい。むかしは都には都の、鄙には鄙の、それぞれ風流というものがあった。「賤の女」と言うのもいわばそういう鄙の風流が背後にある言い方だから、必ずしも蔑称とのみは言われなかったのである。

しかしながらその鄙も、鄙の風流も、時空の彼方へ消え去った。されば『夏は来ぬ』が音楽の表舞台から退場したのもまた当然の成り行きだったかもしれない。

◉肥溜めの香り

長野県下伊那郡阿智村駒場（昭和31年12月1日）熊谷元一撮影
熊谷元一写真童画館所蔵

今どきの子供たちは「肥溜め」などというものは見たことがないというであろう。最近は化学肥料全盛となる一方で、地方にも下水道などが行き渡り、もう肥溜めに人の糞尿を溜めて、それを田園に撒くなんてことは殆どしなくなったからである。

しかし、つい四十年くらい前までは田や畑のそこにもここにも、肥溜めというものはごくごく当たり前に見かけたものだった。

それはおおかた畳二畳分くらいの大きさで、私どもが目にしたものは、たいてい四方をコンクリートで固めてあった。そうして、雨などが大量に降り込むのを防ぐためだろうか、簡単な斜めの屋根がついていたものだった。

農家では、近在の便所から屎尿《しにょう》を汲み取ってきて、これを肥溜めに貯留する。そうすると、屎尿に含まれた微生物の働きか、それが次第に発酵し熟成して、なにやらかさぶたのようなものが表面を覆うようになってくる。このかさぶたは、一種名状しがたい色と風合いをしていて、もはや生々しい糞尿の形を留めない。

その頃には、よく狸が人を化かすという話があった。

なんでもそれは、旅人などが、行き暮れて疲れ果て、あまつさえ雪までも降って困却していると、そこへ妙齢の娘が現れ、「どうぞ一夜の宿りを」といって野中の一軒家へ案内する。

旅人は、やれ嬉しやとばかり跡についていって、温かく明かりの灯った家に招じ入れられ、さんざんに御馳走を食べて、美酒をも喫し、いよいよこれからその娘と同衾《どうきん》でもしようかという時に、かならず、こう勧められるというのであった。

「お風呂が沸いておりますから、どうぞ旅の疲れを洗い流してください」

やれ嬉しや、旅人が良い心持ちで風呂に浸かっていると、いつのまにか余りに気持ち良くて寝入ってしまう。

そして、はっとして目が覚めると、一軒家も美しい娘も影も形もなく、旅人は野中の肥溜めに首まで浸かっているのであった……とまあ、こういう話である。

この話はなかなか示唆的で、案ずるに、肥溜めというものにまつわる、いくつかの現実が反映しているものと思われる。

その一つは、この肥溜めには、例のかさぶたが被っていて、表面が堅く凝固している。そうすると、雪など降ると、どこが田畑か、どこが道か、はたまたどこが肥溜めかが区別がつかなくなる。

そういうとき、しばしば肥溜めに踏込《ふんご》んで、どっぷりと糞尿漬けになるという事件が、田舎ではわりあいによく起こったのであろうということである。

もう一つは、狸が化かして旅人を肥溜めに入れるのに使う方便がかならず「風呂」ということに注意しなくてはならぬ。

これは肥えというものが、微生物の発酵によっていくぶん熱が発せられて、じっさい冬のさなかに肥えを汲み上げたりすると、湯気など立ってホカホカした感じがしたのではないかということである。

風呂に浸かるというのは、日本人のもっとも大きな愉悦娯楽の一つであって、西洋人にはいかにわれわれが風呂好きであるか理解しにくいくらいのものだ。風呂は、日本では老若男女、貴賤都鄙《きせんとひ》を問わずして、だれもがみな執着を持っている。水の豊かな、そして焚き付けの粗朶《そだ》や雑木の豊かな日本の山野が、そういう習慣を形作ったものと思われるが、そういう民族にして初めて、かような、風呂に浸かったつもりで汚穢《おわい》に浸かった、などという臭い立つような黄金譚が発想されるのであった。

私などは、あの汲み取り式の便所は幾らも使用したもので、名状しがたい臭いの立ちこめる個室にしゃがんで、便器の穴を覗くと、糞尿がいっしょくたになったものがどんよりと積もっている。そこへおのれのモノを落とすと、ストンという感じで落ちていって、運が悪いと、びちゃっとオツリが返ってくるのであった。

そういう古い仕掛けの便所には、まだあのトイレットペーパーのロールなんて文化的なものは設備されていなくて、もっぱらなにか四角い紙籠に、最上の場合は白いちり紙、ちょっと下がると、漉《す》き返しの薄墨色をした落とし紙、さらに運が悪いと、新聞紙をテキトウな大きさに切ったものが置いてあることもあった。

この新聞紙の場合は、かならずよく揉んでから使うことになっていて、便所の中からは、折々新聞紙を揉みたてるガサガサという音が響いてくることがあった。

しかし、新聞紙はいかに揉んでも、そうそうは柔らかくならないので、どうも尻がこすれて痛いのがこまりものだった。

これらの屎尿は、新聞紙も落とし紙も諸共《もろとも》に汲み取られて、いずれ分解され、渾然《こんぜん》となって「肥え」となりおおせるのであった。それらの自然の分解合成工場が、あの野面《のづら》の肥溜めであったわけである。

この写真のオジサンは、今や、芽をふいたばかりの麦畑に、十分に熟成した自家製の肥えを柄杓《ひしゃく》で撒きつけているところである。

こういう営為のなかで、肥えはもっとも大切な資源でもあって、おそらく農家の人たちには、ちょっとも穢いものという感覚はなかったかもしれぬ。それどころか、むしろ尊ぶべきモノという感覚に近いところがあったかと思われる。それは都会にいて近代的な水洗便所などで育った人間とはおおきに違った感覚であったに違いない。

昭和の三十五年前後、私は小学五年生くらいであったが、その頃住んでいた武蔵野には、水利が乏しいせいで水田はあまりなく、そこらじゅうが畑だらけだった。そうしてその畑の所々にも、むろん肥溜めはいくらもあった。

畑のなかでも、近郊農業として非常に多かったのは芝生畑である。

芝生を育てて、それを小さな長方形に切り取って出荷するのであったが、ふつうの作物の畑と違って、芝生畑は一面緑の芝だから、まるで上等のゴルフ場か牧場のような景色なのであった。

芝生畑といえども畑なのだから、勝手に入って遊んだりしてはいけないと、くれぐれも学校から注意されていたけれど、それでも、どうしてもそこに入って遊びたいという誘惑を押さえ切れない時があった。

雪の朝である。

雪が降ると、東京の子供たちには珍しいので、みな妙に嬉しくなってしまう。そうして雪の日には、雪合戦と雪だるま、というのがお決まりの遊びであった。

その時、もっとも美しく真っ白に雪だるまを作れるのは他ならず芝生畑で作ることだったのだ。一片の泥も付かぬ真っ白な雪だるま、何の障害物もなく、まっすぐに雪玉を転がして行ける広々とした土地。まさに芝生畑は雪だるま界の金城湯池のはずであった。……のだが、さて実際に出来上がった雪だるまを見ると、決してまっさらの真っ白に仕上がっていなくて、ところどころに、アヤシイものがこびりついているのであった。

良く観察すると、それは、便所で揉まれた新聞紙だの、ちり紙の破片だの、どす黒いような色のナニモノかであったりして、聡明なる子供たちは、それが直ちに肥溜めから出自《しゅつじ》したる自然素材一〇〇パーセントの肥料であることを諒知したのである。ああ、しまった、こいつはとんだエンガチョだった、と大騒ぎをした日のことなども、いま、はたと思い出した。

◉聖なる汚穢

長野県下伊那郡阿智村（昭和30年）熊谷元一撮影
熊谷元一写真童画館所蔵

かつて私は『古今黄金譚』（平凡社新書）という本を書いて、そのなかで、日本という国は、糞尿というもっとも汚れたものを、また一面もっとも聖なるものと見做すところがあると説いたことがある。

たとえば、『落窪物語』という物語は、結局「便所の姫君」が反転して大臣の妻に変身する話で、そのいちばん大事な転換点のところに、盛大に糞尿をまき散らす場面が出てくる。落窪の姫にとっての白馬の騎士である道頼という貴公子が、姫を助けに通って来るのを知った継母北の方が、姫をあらゆる穢いものの置いてある北の小部屋に軟禁して、しかも典薬頭《てんやくのかみ》というスケベなる老人に犯させようとする。その時、この老人が、「ごほごほ、ひちひち」と汚らしい音を立てて下痢便を漏らして退散するという、いかにもエンガチョきわまる場面がある。が、この「クソの徳」によって姫は窮地を救われ、翌日道頼によって堂々と救出されるのである。

もっとも汚れた所にいた姫が、さらに穢いクソのおかげで聖なるものに変身するというのは、一見矛盾に満ちた話に見えるけれど、実はそうではない。日本では、糞尿のようなものは、決して汚れているから忌避すべきもの、捨て去るものとしては意識されていなかったからである。

たとえばまた、岩手県の上閉伊《へい》郡の昔話にも『尻鳴りべら』という愉快な話があって、これは、観音に授けられた篦《へら》で大便のあとの尻を拭いたら、尻が鳴り出し、その裏で撫でたら音が止まった。それで長者どんの娘の尻を撫でて尻を鳴らせて、のちにマッチポンプよろしくその篦で音を止め、まんまと長者になりおおせたという、奇妙な上にも奇妙な話である。つまりは、この篦でクソを拭くということが最上の幸福を齎すのである。

いっぽうでまた、増賀上人《ぞうがしょうにん》、清徳聖《せいとくひじり》、一休禅師、桃水《とうすい》和尚、と高徳の僧がクソをひりちらす話はまたいくらもあって、それがいずれも、脱俗悟道《だつぞくごどう》のシンボルともなっているのである。

いや、詳しくは拙著をぜひ読んでいただきたいのであるが、要するに、私たちの文化は、糞尿というものに、なにか特別の神聖性を読むところがあった。

それは考えてみれば、農耕民族として当然のことかもしれない。

なにしろ、糞尿というものは、捨てるものではなくて、売買されるものでさえあったのだ。江戸の町では、汲み取り式の便所に溜まった糞尿は近在の農家が買いにやってきた。むろん肥料として使うためである。聞くならく、人間の糞尿は、牛馬のそれに比しては、はるかに性能がよろしく、使いやすくしかも実り多いのだそうである。

オノレの身からでた糞尿を田畑に撒いておけば、またやがて黄金の稲穂が実るという循環のなかで、糞尿をば聖なるものと見做すことが起こったのは、けだし当然ではなかったか。

そういう文学の世界に結晶した、「味噌も糞も一緒」なる話柄《わへい》の数々を、現実の世界にありありと実感させてくれるのが、この便所の写真である。

これは伊那の阿智村で、昭和三十年に撮影された写真であるが、左側の扉を閉ざした部分が大便をするところ、この真下にたぶんクソ壺があるのである。中に明かりなどはないから、万一にもクソ壺に踏込《ふんご》んだりしない用心に、用便中は扉を半開きにしておいたのだそうである。用便中はドアを閉めて鍵を掛けたりするのは、じつはごくごく近年の新風俗であったことがこれでわかる。江戸時代の長屋の便所などになると、もちろん男女の区別なんかなくて、ドアは腰ほどの高さまでしかなかった。すなわち、中でしゃがんで用を足していると、男女とも外からその髷あたりが丸見えであったわけである。それで、あ、隣のお美代ちゃんが入ってるな、とわかるという寸法だったたのである。じつに牧歌的にして合理的である。

そうして真ん中の盥桶《たらいおけ》の置いてある部分は風呂場で、これまたなんという開けっ広げなる風呂場であろうか。その奥のやや暗くなったところに木製の風呂桶があるのがちらりと見える。風呂に入る時は、風呂桶の脇に盥桶を置き、その上に板を渡して、その板の上で体を洗うとその汚れた水は下の盥桶に溜まる。これを隣のクソ壺の中身と混ぜると、ほどよく汚穢が薄まって使いやすくなったのだと、説明がある。合理的というもここまでいくと見事なものである。

さて、右の竹囲いの中は、小便場所である。なにやら馬の水飲み桶のようなものが見えるのは、木製の漏斗《じょうご》になっていて、ここに向かって小便をすると、その下の桶に溜まる。溜ったら、それを柄杓《ひしゃく》で汲み出して、その向こうに置いてある肥桶に移して、天秤棒で担いで畑へ持って行くという次第である。

注意すべきことは、この小便用の漏斗は決して男のためだけのものではなかったということである。昔の農村では、女も堂々と立ち小便をした。それもそんなに古い昔のことではない。

私が高校生のころ、だから、昭和四十年見当である。私は東京のど真ん中の新宿にあった都立の戸山高校という学校に通っていたが、この学校はよろずにおんぼろであった。そうして、男の便所は、小便は仕切りもない溝のようなところに向かって、ただ牧歌的に放尿するのであったし、大便所は穴だらけの扉から、中で息んでいるやつの姿が丸見えというテイタラクであった。

ある時、私が余念なく小便をしていると、そこに着物を着た一人のお婆さんが入ってきた。それがどういうわけか、男便所に入ってきて、私のすぐ隣で、着物の裾をひょいとめくると、壁にむかって尻を向け、滔々《とうとう》と放尿をし始めた。私は都会育ちで、女の立ち小便など見たことがなかったので、面食らって自分の小便が止まってしまったくらいであったが、考えてみれば野良ではいちいち家に帰って便所になど行く暇などなく、そこらの田圃の端ででも、みな放尿をするのが当り前であった。

さすがに町中では女の立ち小便は江戸時代でも憚られたと見えて、江戸時代の後半には江戸の町に有料の公衆便所などができてきたのであった。

ともあれ、この写真は、そういう長閑《のどか》な時代の、悠揚迫らざる便所の佇《たたず》まいを物語る。

そうして、かくのごとく、身を清めることと、糞尿をすることとは、まあ一続きの行いで、その汚れた糞尿が、ただちに生産の宝となっていく機微が、よくよく見て取れる。

　思い出してみると、私が幼い頃に住んでいたアパートメントでは、風呂場に洋式の水洗トイレが設置された最新式でありながら、その風呂桶はまことに古典的で、檜の板を銅の箍《たが》でとめた、この写真の風呂桶といくらも径庭《けいてい》のない姿をしていた。

　現在でも、ホテルやワンルームマンションなどでは浴室とトイレが一緒というのは珍しくない。そういうことからすると、この日本の古式床しい外便所は、案外と洋風新式に相通ずるところがあったわけである。

　ただし、せっかく天から授かった大切な黄金の糞尿を、水とともに流し去り処理してしまって、肥料として役立てないのは、なにやらもったいない気がする。

　このリサイクルの世の中、うまーく糞尿を収集して、便宜安全な形に処理して、化学肥料のかわりにせいぜい役立てることが望ましいのではあるまいか。

　それにくらべて、御先祖たちの知恵者ぶりは、こういう便所の佇まいを見るにつけても、なるほどなあと頷《うなず》かれるのである。

◉羞恥のありどころ

この写真を見ると、ちょっとしたカルチャーショックを受ける人もあるかもしれない。特に若い人ともなると、一瞬びっくりするという感じに違いない。

しかしながら、このおばあさんが、諸乳《もろぢ》を出して客人を接待している姿こそ、私ども日本人の身体性の意識における一つの原風景であったような気がする。

いや、そんなに古い話ではないのだ。この写真自体は昭和三十七年の九月一日に秋田県平鹿郡（現・横手市）大森町川西というところで撮影されたものである。西暦でいうと一九六二年である。今から五十年ほど前というわけだから、私はその年中学二年生であった。この写真の撮られたわずか二年後に、あの東京オリンピックが開かれ

秋田県平鹿郡（現横手市）大森町川西（昭和37年９月１日）佐藤久太郎撮影

たのである。

そう思うと、オリンピックに沸き返った大都市東京の風景（その時私は都立高校の一年生であった）と、この写真の風情とのあまりの落差に、はたしてこれが同じ国であろうかと思ってしまうくらいである。

ところが、私には、もっと後の別の記憶がある。

昭和四十二年、西暦一九六七年の夏のことである。

私は慶應義塾大学一年に入ったばかりで、まさに青春を謳歌しつつある時分であった。

大学では、私はギタークラブに入って活動していたのだが、夏休みになると間もなく、合宿があった。その年の合宿は那須高原で行われ、最初の夜は那須湯本の温泉宿に泊まった。

そのころ、那須湯本温泉はまだひどく鄙びた湯の町で、温泉宿なども軒の低い木造の昔風であった。街道筋に何軒も湯宿が軒を並べていたが、その宿々の前に、縁台が置かれていて、夕方になると、そこには三々五々涼みの人が出た。その涼みの人たちは多く地元のオジサンオバサンという感じだったが、私が目を疑ったのは、なんとオバサンたちはほとんどが腰巻き一つを身に纏っただけで、上半身は裸だというこの事実であった。農家のおかみさんたちの湯治だったかと思うのだが、豊かな乳房を夕風になぶらせながら、のんびりと団扇など使いつつお喋りに時を過ごしている人たちには、すくなくとも胸を露わにしていることに対する羞恥心などは皆無であった。

さすがに都会っ子の私たちにとって、かかる街道表で上半身裸の女たちを見るのはいかにも珍しく、まったく違う時代にワープしてきたかのような気持ちがしたことを、今もはっきり憶えている。

考えてみると、乳房というものについて、「哺乳器官」という以上の、エロス的もしくは審美的意味付けをしたのは、西欧における極めて偏った意想であって、世界的にみれば、その西欧的乳房観こそが例外中の例外であったはずなのだった。

だから、私どもの国では、すくなくともこの第二次大戦が終るまでは、そのような、敢て言えば不純なる意味付けはまったく無かったに違いなく、女たちはみな堂々として乳房を露出したものだった。

とりわけて、赤ん坊を抱いた母親が、その子に乳を含ませるという景色は、まったくエロティックではなくて、むしろほほ笑ましい情景としてみなが意識を共有していたのである。したがって、たとえば電車のなかで、乳房を着物の合わせからつかみ出して、文字通りの乳飲み子に含ませている、という幸福な母子の姿は、東京のど真ん中でさえ、普通に見ることができた。

それが今では、乳房に過剰な意味付けがされ、異様なまでに巨大化せしめたりして哺乳器官としての機能を喪失し、まったくエロス的シンボルとしての存在になり果ててしまった……その陰で、乳房の形が悪くなるからというような理由で哺乳をさっさと切り上げてしまうということもあって、なんだか本末転倒という感じである。

そうしてエロス的シンボルである以上は、これをあまりあからさまに露出することは禁忌となった。エロスのシンボルは隠してこそ意味を持つのだ。

といって、まったく覆い尽くして一切見せないというのもまた効果がない。だから、今どきの女たちは、胸を大きくすることに腐心しつつ、それをブラジャーという「乳覆い」で取り隠しつつ、同時に、どこまでそれを際どくディスプレイするか、ということに心を砕いている。

とりわけ夏ともなれば、胸元の大きく刳《く》れた服を着て、隆起を寄せて上げて、以て胸の谷間をこれ見よがしに顕して歩く、ということになったのだが、といって哺乳器官であることの標識である乳首は、決して見せない。

考えてみれば、見せるために隠し、隠しながら見せる、というじつに矛盾したことをやっているわけで、そういうのは決して健康な意識であるとは思えない。

それにくらべたら、この写真のおばあさんなんかは、胸を出してるのは、腕を出してるのと別に意識上の違いは無く、要するに暑いから出しているというだけのことである。このたらんと垂れた乳房こそは、「垂乳根《たらちね》の母」としての女の、いわば勲章のようなもので、別にこそこそと隠し立てする理由も必要もなかったのだ。

ちなみに、この写真はまた、もうひとつの興味深い習俗を物語る。

昔は（いや、今でも田舎に行くと変わらないかもしれないが）、食事の時にはあまりお茶というものは飲まなかった。飯を食い仕舞うと、その茶わんに白湯《さゆ》を注いで、箸でさらさらとかき回したりして、その湯を全部飲んでしまう。これによって、飯粒が茶わんにこびりつくのを防ぎつつ、食後の茶代わりとして、口をも濯《すす》いだわけであった。

ところが、「お茶にする」（昔は「お茶する」なんてことは言わなかった）というのはそれとはちょっと違っていて、たとえば、午後のお三時とか、場合によっては朝の十時ごろ(「お十時」という言葉もあった)など、食事と食事の間のひとときに、お茶はお茶として愉しんだものだった。そうしてお茶には、かならずお喋りが付属していた。酒が、飲めば正気を失って、ややもすれば乱酔舞踏にわたるのと違って、茶はいつも正気で、心気を爽快ならしめ、また近所・遠来の客をもてなし、人の和を作る、とそういう社会的効能があったわけであった。

かかる素朴なるお茶と、あの異様に形式化した茶道とは、姿形は全然違っているけれど、ごくごく形而上的なところへ抽象して考えてみれば、これらの社会的機能からして共通の意味を持っていたことがわかる。

いや、茶道ばかりか、イギリス得意のアフタヌーンティなんてのだって、その形而上的な意味からすれば、このおばあさんの裸のお茶といくらも径庭はなかったのだ。しかもお茶は、かならず「茶請け」というものを必要としたことも万国に共通した事柄であった。

この写真の場合は、おばあさんの前に艶々とした漬け茄子が置かれている。おそらく塩漬けの、しかも浅漬けの秋茄子に違いない。この色、この艶、そのぷっつりと皮を噛み切る歯触りまで想像できるほどの見事なショットである。そして、右手の皿には、おそらく砂糖をまぶした豆のようなものと、五家宝《ごかぼう》のたぐいかと見えるお菓子も出されている。

甘い菓子、辛い漬物、そうやって口の飽きるのを防ぎながら、おそらくこの急須に入れた粗い茶葉に何度でも湯を注いで話に興じたものであったろう。

どうやらこの部屋は板敷きで、ただ端近《はしぢか》の半間《はんげん》だけに薄べりを敷いてあると見える。こういう部屋のしつらいもまた、平安時代以来連綿と続いてきた、日本の伝統的なスタイルであったので、ただこれだけの写真からも、私どもは、ずいぶんさまざまの「文化」を学びとることができるのである。

◉滅びゆく技術

長野県下伊那郡阿智村駒場（昭和32年６月）矢沢昇撮影
熊谷元一写真童画館所蔵

印刷という営為は、昔から常にコストとクオリティのせめぎ合いのなかにあって、どこで妥協するかということが、その方法を定めるのであった。

江戸時代の始まる直前、日本に、二つの外来印刷システムが齎《もたら》された。

その一つは、文禄慶長《ぶんろくけいちょう》の役《えき》で、朝鮮半島から略奪されてきた金属活字印刷術。

もう一つは、マカオから移入された西洋の活版印刷、といってもグーテンベルク式のごく原始的なそれであったけれど。

この二つの活字印刷術はほぼ同時に日本に到着して、ただちに日本でも試験的な印刷が開始された。いやいや、誤解してもらっては困る。なにも朝鮮や西洋の印刷術の到来を待たずとも、日本には八世紀から固有の（そして中国の影響を受けた）木版印刷術がいくらも行われていたのである。その意味では、グーテンベルクによる印刷術の発明を指して世界の三大発明の一だなぞと西洋人たちは誇るけれど、とんでもない大間違いで、東洋では西洋人が印刷など思いも付かなかった大昔から、もう実際に粛々として印刷出版が行われていたのである。ただ、それを無知なる西洋人たちが知らなかった、というだけのことである。

ともあれ、日本には昔から木版印刷の技術が栄えている土壌があって、近世初頭に、そこへ朝鮮とヨーロッパから全然技術の違った二種類の活字印刷術が将来《しょうらい》せられたということであった。

さて、そこでコストとクオリティの問題がここに生じる。従来の木版印刷の技術というのは、まあ版画を彫るようなもので、大きな版木に文字を裏返しに彫って、墨をつけて馬楝《ばれん》で刷る、というやり方である。そうすると、このまず版木を一枚作るのには結構なコストがかかり、なおかつ、出来上がった版木は丁寧に保管しておかなくてはならない。そうしないと、せっかく資本を投下して作った版木がすぐに使えなくなってしまうからである。そのため、この木版印刷技術は、初期に膨大な資本投下をできるだけの経済力があり、それだけの金を出してもぜひ印刷したいという動機と必要性があり、なおかつ版木を保管しておくスペースがある、ということが、なにはともあれ必須の条件であった。

そこで、往古の木版印刷術は、ほとんどが有力な寺院において行われ、その印刷された内容は、仏典とか儒書とかいうようなものに限られていた。

ところが、近世初頭にやってきた活字という技術を使うと、まず最初に活字セットを買うところで多少の資本投資をすれば、あとはその活字を適宜組み合わせて、いかようにも印刷ができるし、版木を置いておくスペースも必要ない、というわけで、ごくごく軽便に、コストをかけずに印刷ができるのであった。

これらの近世初頭に朝鮮式と西洋式二つの活字印刷の影響をうけて盛行した活字印刷術を「古活字版」という。

しかるに、この古活字版には二つの欠点があった。

その一つは、技術的に稚拙なものが多く、印刷面がでこぼこして印刷クオリティが高くなかったこと。そしてもう一つの致命的欠点は、三ページくらいずつ刷っては版を解き、また次の三ページを組んでは刷り、そして解き、というふうにやっていたので、予め刷り部数を決めておく必要があったし、その刷った部数を売り切ってしまったら、また再び同じことを繰返さなくてはならなかった。つまりは再版が利かなかったのだ。

この古活字版の欠点を裏返したものが、すなわち従来の木版印刷の長所となる。木版印刷は、版木を作るのに資本が必要で高いコストがかかる反面、一度作ってしまえば、その版木に墨を塗って、何度でも何十度でも印刷することができた。つまり、印刷物の売れ行きを見ながら、いくらも増刷することができたのである。そうして、八世紀以来洗練を重ねてきた版木彫刻の技術はほぼ完成していたので、その印刷は美しく整っていた。そこでこれを整版印刷と言うのである。

かくて江戸時代の初期、印刷出版に携わるものは、この二つの技術から選択をしなくてはならなかった。
一、コストをかけても、美しくて再版の簡単な整版にするか。
二、垢抜けない版面で再版は不可能だけれど、コストの安い活字印刷にするか。
つまりそういう風に、コストとクオリティを天秤に掛けて経験を積んだ結果、結局商業的には活字では引き合わないということが分かって、江戸時代は従来型の技術の整版印刷を標準として印刷出版業が栄えたのである。

こうして江戸時代前期から、明治の中期くらいまでは、日本では大半の印刷が整版技術によって行われた。

ところが、明治になってまた西洋からより進んだ活版印刷が入ってくると、再びここに活版か整版かという競争が起こってくる。しかし、こんどの新しい活版印刷は紙《し》型《けい》というものを使うことによって、いくらも再版のできる技術に進歩していたので、ここに整版に比べればコストも安く、再版も利き、なおかつ印刷も美しいという西洋活版印刷が覇を唱える結果となった。

そこで、日本の木版技術は漸次衰滅に向かうのだが、しかし、現在でもなお、絶滅してしまったわけではない。まだ細々とではあるが、版木を彫る職人の彫師、それを刷る職人の摺師などが、保存技術的に生き残っている。

けれどもまた、活版印刷の欠点は、大量生産をしないとコストが引き合わないということであった。大型の印刷機を用い、多くの植字工が活字を組み、というふうに一冊の本を商業出版するにはやはりコストがかかるのである。したがって、印刷出版業が近代的企業として成立してくると同時に、そういう事業にはコスト的に乗ってこない零細な印刷物をどうするかという問題が起こってきた。印刷といっても、ごく少部数で、コストをかけないで作りたいという需要もあるからだ。

ここに、孔版印刷という新技術が発明された。これはどうやら原理的にはエジソンの発明らしいのだが、実用化したのは日本人であった。そうして、実際にはほとんど日本固有の印刷文化として、十九世紀から二十世紀の後半に至るまで、ほぼ百年間、庶民の印刷を受け持ったのである。

私なども、大学時代までは、たとえば演習授業で資料を配布したいというとき、使える印刷法はほとんど唯一この謄写版（孔版）印刷しかなかった。まだコピーなどは全然普及しておらず、大学生のころにようやく使われるようになったゼロックスなどは、一枚コピーするのに四十円くらい取られて、仮に十ページの資料を百部印刷するには四万円もかかる計算であった。それではとても学生の手には負えない。

というわけで、私どもは、あの鑢《やすり》の上に蠟《ろう》引き紙の「原紙」を置いて、鉄筆でガリガリと書きにくい字を書き、そしてペンキ塗のローラーのような形のゴムローラーにベタベタする油性のインキを塗り付けてから、これを原紙の上でころころ転がして印刷したものだった。

手も服も、インクだらけになり、しかもその割には鉄筆の字体はいつも歪んでいて下手くそに見えた。なかには、どういうものか鉄筆の名人のような人もいて、まるで活字のように整然と出来上がっている場合もあるにはあったが、それはまた特殊の場合であった。

私たちは、この安いコストと自前の労力、そして見栄えのしない印刷結果、ということを天秤にかけつつ、それでもけっきょくはガリ版に頼らざるをえない時代を生きてきたのである。

それから思うと、なんでもただ同様のコストでさっさとコピーしてしまう現代の学生たちは羨ましいけれど、しかし、一方で、このガリ版を切りつつ、一文字一文字、それこそ石に文字を刻むような心がけで字を書いたことによる、知識の脳みそへの定着ということを思うと、すべてが進歩してよかったとばかりは言えないような気もするのである。

◉手仕事の風景

秋田県横手市（昭和39年）佐藤久太郎撮影

鋳掛屋《いかけや》という商売があった。が、もう今ではそんな商売ではとても活計が立たぬことと思うから、たぶんほぼ絶滅したか、もしくは生き残っているとしても博物館的に保存営業されているような消息に違いない。

戦後生まれといっても、戦後もあの東京オリンピック、高度成長、万国博覧会、というような時代になる前までは、濃厚に戦前の文化が残っていたものだった。それは当たり前で、文化というものが人のなりわいと不可分である以上、ある仕事の職人が、ある日突然に全員消えうせたりするはずもなく、徐々に当該の仕事の需要が減り、顧客が減り、そして次第に職人たちも高齢化して、櫛の歯を引くように数が減り、やがて絶滅する、という経緯をたどるに決まっているからだ。

だから、昭和も三十年代までは、鋳掛屋のような零細な手仕事師の行商も、まだあちこちに残っていた。

彼らはいつの間にか町々を巡回してきて、どこか決まった場所に腰を据えると、近所に大声でよばわったり、笛を鳴らしたりして、やってきたことを知らせる。

すると、このときを待っていた主婦たちが、手に手に鍋釜などを持って出てくるのである。なにしろ、昔は「Mottainai」なんぞと外国の人に言われずとも、みんな何でも勿体ないという意識が行き渡っていたから、アルマイトの鍋なんぞも、使って使って、使い抜いているうちに、しばしば焦がしたところが腐食して穴が開いてしまったりした。そういうとき、穴くらいで鍋を捨てたりはせず、その穴塞ぎの仕事師がやってくるのを待って、そっと棚に上げておいたのである。この仕事師が鋳掛屋という商売であった。

彼らは、いくつかの鍋釜を、おおむね昼前に預かって、片端から直していき、夕方くらいには間違いなく穴を塞いで返してきた。なにやらハンダのようなもので巧みに穴を塞ぎ、やすりでこすって平滑に仕上げてあったりしたものだ。そうやって、でこぼこになり、継ぎはぎをしても、一つ鍋を長いこと使ったのが日本の伝統であった。

いまはこうもり傘など、ほとんどが使い捨てという時代になり、お、雨が降ってきたといえば、すぐに近所のコンビニに駆け込んで、一本五百円くらいでけっこう立派な（しかしじきに壊れてしまう）傘が手に入る。そういう使い捨ての傘はまた、すぐにどこかに置きわすれたり、壊して捨ててしまったりするから、今や傘を修理するなんてことは夢にも思いつかないという人たちが普通になった。

しかし、鋳掛屋がまだ盛んに活動していたころには、こうもり傘の直し屋というものも、負けず劣らず回ってきたものだった。そうして、独特の節回しで「えー、コーモリガサの直しでござい」みたいなことを言って、辻々を流して歩いた。

時代柄、そういう流しの職人衆は、もうたいてい渋茶のような顔をした老人で、丸《まる》縁《ぶち》の眼鏡なんぞ掛けていたような気がする。

そうして、これも町の一角に座を占めると、おもむろに自転車に積んだ箱やら、背に負うた荷のなかから、かれこれの道具を出して、黙々と修理を始めたものだ。

私ども子供にとって、こういう職人の手仕事というのは大変に面白いもので、穴の開いた鍋を見事に直してしまう一部始終やら、骨が折れてぶらぶらになったこうもり傘の、その骨をなにかこう別の金属のギプスのようなものを宛てがってすっくりと直してみせる手技《てわざ》やら、まあ何にせよ、へへえっ、と感心することばかりであった。とくに好奇心の固まりのようであった少年時代の私は、そういう職人衆の手技を見ては、どうでも素通りはなりがたく、たいていしゃがんでじっと観察せずにはいられなかった。

すると、昔の傘は、今の大量生産の使い捨てと違って、なにかコンコンと道具を宛てて叩くと、うまく部品が外れて、そこだけ交換すると見違えるように動きがよくなったり、あるいは布と骨を結んであるところは丈夫な糸でかがってあったりして、それ自体が一つの手仕事的技術の集合体なのであった。

この写真の傘直しのオジサンもまたかなりの高齢かと見える。写真は秋田の横手で撮影されたもので、昭和三十九年の風景とある。東京オリンピックのあった年であるが、この風景からはそんな空気は微塵も感じられない。そうして、ここには三人の女の子たちが写っているけれど、三人ともなかなか清潔な、質素だけれど品格ある様子をしている。美しい娘たちである。

右にいる二人は、あきらかに、オジサンの仕事が面白くて、何かに魅入られるように見物しているのに相違ない。とくにこの三つ編みにしてしゃがんでいる子は、小学校の高学年かと見えるけれど、このしゃがみ方には、どことなく女としての嗜《たしな》みのような所作が感じられる。

この三つ編みの髪も、また中腰の女の子の肩へ垂らした髪も、みなちゃんと手入れが行き届いていて、はやくも女の子から娘への、女性的な魅力をさえ漂わせ始めているようだ。

「オジサン、それは何してるの」

「これか、これはな、ここんところへこうポンチを宛ててさ、この先っぽンところを留めてる釘を抜くわけさ」

「ふーーん」

みたいなことを言い交わしているのかもしれない。これが騒がしい男の子だったら、オジサンも、

「ウルサイからあっちへ行け、見せ物じゃねえぞ」

くらいのことを語気荒く言ったかもしれないが、いかにも所作声調のたおやかな女の子に注目されているとあっては、ついつい口元も綻《ほころ》び、声も優しくなったことであろう。オジサンは、なんだかいかにも楽しそうに、この仕事をしているように見える。

きっとこの女の子たちは、大きくなって一家の主婦となったときに、こういう手仕事を憶えていて、男どもよりも器用に、家庭内の道具の修理などをしたに違いない。現に私の母などは、およそ何でも器用に直してしまう人だったから、たぶんこのような顔つきをして、あれこれの手仕事を見習っていたかと想像されるのである。

その血筋で、私も、たとえばまた、窓ガラスが割れた時に、ガラス屋のオジサンが

やってきて、窓枠に合わせてガラスを切るところ、そのガラスを三角形の平たい釘で木の窓枠に留めていくところ、さらにその上に、よく練ったパテを塗り付けて固定していくところ、その一々の手順をはっきりと記憶している。

いまここに、その素材と道具を持ってくれれば、ただちに窓の一つや二つは修理してご覧に入れるというくらいの鮮明な記憶である。

それから、豆腐屋のオジサンが、大きな銅板のような庖丁で水中の大きな豆腐をふわりと切り分けるところ、氷屋のオジサンが、巨大な氷塊からノコギリ世界の親方のような目の粗いノコでシャリッシャリッと氷を切っていって、最後にその背でコンッと割る手つきや音、うなぎ屋のオジサンが、ぬるぬるとする鰻をみごとに掴んで、パシッと目抜きを打つところ、シャーッと音たてて一刀両断に裂く手技、もうそれはどこも職業博物館のようなものであった。

ただ私は男の子としては例外的に物静かな子供で、決してオジサンの仕事の邪魔などはしなかった。それどころか、まるで見習いの小僧のように集中凝視していたので、あっちへ行けなどとは一度も言われたことがない。そしてつまり、その好奇心満点の少年の心が、長じて今の自分を作ったのである。手仕事のオジサンたち、ありがとう！

◉郵便屋さん

祝部《ほうり》至善《しぜん》さんの『明治博多往来図会』という本を見ると、明治時代の郵便配達は、必ず「郵便くばりさん」と敬称の「さん」をつけて呼んだものだとある。

それは、祝部さんの説明によると、「その配達人の多くは、現時のような青年者流ではなく、悉く高年の人で、而も何れもが、おちぶれた士族あがりの人というのであったからでもあるが、『配達夫』などとは決して言わぬことで、必ず『ゆうびんくばりさん』と敬称していた」ということであったらしい。

そうして、その絵を見ると、黒い詰め襟服にグレーの七分丈のズボンを着け、頭には逓信マークの入った黒っぽい饅頭《まんじゅう》笠を被っている。そうして、足は草鞋

新潟県両津市（現佐渡市）藻浦（昭和29年）中俣正義撮影

履きに脚絆《きゃはん》を着けて、肩から革ベルトの付いた大きな蝦蟇口《がまぐち》様の郵便袋を提げているのが分かる。

こういう「郵便くばりさん」というような呼び方は、べつだん博多だけのことでなかったことは、島木赤彦の短歌に、

「縁さきに干したる柿に日短し郵便配り食べて行きにけり」

というのがあることを見ても分かる。

いっぽう、紀田順一郎さんの『幕末明治風俗逸話事典』によると、郵便が飛脚の段階を脱して官営の郵便となったのは、明治四年の正月だったという。開業時は、書状だけに限定され、しかも東京、大阪、京都の三都だけのサービスだったそうだが、翌年には早くも全国に及んだというのだから、明治の人たちのエネルギーと叡知にはまったく驚かされる。

新橋（汐留）―横浜（桜木町）間の鉄道が営業開始になったのが、明治五年の十月だから、つまり鉄道などほとんど全く開通していなかったその明治五年に全国に郵便が及んだというのは、畢竟《ひっきょう》、二本の足と、船と、荷車と、そんなもので運んだのであ

ろうけれど、それが可能だったのは、全国の湊々をネットワークしていた弁才船《べざいせん》の運輸網なども利用したのであったろうか。

そうして、開業年度の扱い郵便数は五十六万通余、その翌年には二百四十三万通に上り、明治二十九年には一億通を突破し、ハガキや書留なども加えると四億八千万通にもなるという発展ぶりであったと記されている。

これらの郵便の末端に、祝部さんの言うところの「郵便くばりさん」が、徒歩で一軒一軒回って配って歩いていたわけである。

私どもの時代になっても、決して「配達夫」などと打付《うちつ》けなことは言わなかった。かならず「郵便屋さん」とさん付けで呼び、郵便屋さんが配ってくれたらば、かならず「郵便屋さん、ご苦労さま」くらいのことは言う習わしになっていた。

大正八年に出版された『童話唱歌（六）』という佐々紅華の童謡集のなかにも『郵便屋さんの唄』という作品が出ている。こんな歌である（作詞作曲とも佐々紅華）。

脚《あし》の丈夫な郵便屋さん。
大きな鞄を肩から掛けて、

スタコラ歩いて居《い》るけれど、
風の吹く日や雨の夜《よる》、
雪の降る時《ひ》は辛いでしょう。
私はほんとに気の毒よ。

まさにここには、上記のような姿で、ひたすら歩いて配達していた郵便屋さんの様子がありありと歌われている。こんな風に、降っても照っても休みなく、律儀《りちぎ》に郵便を届けてくれるその人に、昔の人々が親しみを込めて「郵便屋さん」と呼んだ、その心持ちがよく想像されるような歌である。

しかし、考えてみると、郵便配達の人に「屋」号を付けるというのは、かなり不思議である。あれはむろん官営の事業だったわけで、八百屋さん、魚屋さん、などと同列に並べるべきものでない。

しかし、じっさいに、官営の事業のなかで、郵便だけは「屋」付きで呼んだので、警察やら消防やら、そういう人たちを警察屋さんとも消防屋さんとも呼びはしなかった。郵便だけは「屋」付けで呼んだのは、おそらくそれだけ日常親しみのある存在であったからだろうかと思われる。昔は八百屋さんも魚屋さんも、洗濯屋さんも金魚屋さんも、みんなテクテク歩いて御用聞きにやってきた。まさに、郵便もそういう生活に密着した御用聞き的な存在と認識されていたことを、この「屋」という称号が物語っている。祝部さんは、配達人が多く高齢で士族出身だったのを尊敬して「さん」を付けたと言うけれど、そればかりでもなくて、郵便屋さん、という時はもっと親しい気持ちが籠っていたと見てもあながち外れまい。

掲出の写真は、昭和二十九年に佐渡で撮影されたもので、両津付近の海岸の小道を、おそらくはもう配り終えて空になった郵便鞄を肩に、すたすたと歩いて帰る郵便屋さんの後ろ姿であるらしく思われる。

そのいでたちを見ると、黒い詰め襟の上着にズボンを穿き、脚絆の代りにゲートルを巻き、草鞋の代りに地下足袋を履き、饅頭笠の代りに制帽を被っている。少しく近代化されてはいるけれど、この蝦蟇口様の郵便鞄は祝部さんの描いた明治の「郵便くばりさん」のそれとちょっとも変りがない。

昭和五十九年に、私は初めてロンドンに留学したのだが、その時にちょっと驚いたことがある。

それは、ロンドンの郵便配達は、たいてい徒歩で、灰色の郵便局の制服を着て、肩からまるで昔の鎧武者が背負っていた母衣《ほろ》よろしく、大きな灰色の布袋を斜めに背負い、その巾着のように紐で締めた口を緩めては、一軒一軒、郵便を取り出してポストに放り込んでいくのであった。日本では、徒歩で配達して歩くところはごく限られていて、多くはバイクなどで速やかに配って歩くのだったから、ロンドンの、まるでヴィクトリア時代とちっとも変わらない配達のスタイルには、ちょっとびっくりしたというわけである。

しかし、そんなことで驚くのはまだ早かった。イギリスの郵便ポストには、ロイヤルサイファーといって、そのポストがたてられた時の王様の紋章が刻印されている。それを見ると、どのポストが何年ころにたてられたものかが分かるということになっていて、それを知ってからよくよく取り調べて歩くと、百年前から百三十年前くらいのポストは、まったく珍しからずそこらじゅうに建っているのだった。つまり、近代郵便制度を確立したイギリスでは、集配も配達も、ついこの間まで、ヴィクトリア時代さながらのやりかたでやっていたわけである。

日本で、こういうイギリス式と飛脚式が混交したようなスタイルの配達がいつごろまで一般的に行われていたか審らかにしないが、じつは現在でも、坂道の路地ばかり多い町だとか、離島だとか、そういうところでは一人の郵便屋さんがテクテクと配って歩き、そのうちの一軒の座敷を借りて弁当を使ったり、また配達のついでに集配もしたり、ということがなお行われているらしい。

こんにちでは、ずいぶんな山奥でも携帯電話が通じ、コンピュータ通信が迅速に電子メールを運んで行く。それでゲートルを巻いた郵便屋さんがテクテク歩いていかずとも、なにかと用は足りるようになった。

けれども、じっさいに手で書いて封筒に入れた形で、郵便屋さんが遠路はるばると配達してくれた、そしてポストにことんと入れてくれた「手紙」の、あの嬉しさとか存在感は、電子メールなどの到底及ばぬところである。

親子の情、恋のなさけ、しわくちゃになるまで繰り返し読んでは、何度でも思いを新たに深くする、郵便はそういうメディアであった。いま携帯メールなどでチャカチャカとやりとりしている子供たちは、その心底に徹する嬉しさや哀しさの消息をついに知らない。嗚呼！

◉葬式の原則

新潟県南魚沼郡（現魚沼市）塩沢町石打関（昭和６年９月）林明男提供

日本の葬式は多く仏教式で、お坊さんが読経《どきょう》やら説法やらをし、家族親類から親しい友人などの会葬者が焼香をし、というようなわけで、もうなにもかもすっかりお寺さんに丸投げの形であるが、ほんとうはそういうのは正しく日本的ではない。仏教の伝来などは比較的新しいことに属し、それ以前は「神ながらの道」の葬礼を執行していたのである。

もっとも、どういうふうにするかは地方によっても、身分によっても一様でなく、さまざまの異相があったけれど、大原則は変わらなかった。

それは日本人が、魂というものの不滅を信じていたことである。しかも日本人の魂には不思議な属性がいろいろとあって、すべてはその霊魂観から割り出されるのであった。

タマシイは、もっと端的には「タマ」と言った。それを尊敬して言えば「ミタマ」である。この肉体のなかに、タマというものが入っていて、生きて考えたり動いたり、喜怒哀楽の感情を動かしたり、すべてはこのタマというものの働きによると考えていた。タマと玉（球）とはもともと同じ言葉で、つまりは体内に宿っている生命の源泉であるタマは、玉のような格好をしたものと想像されていたのであろう。

このタマはしかし、割ったり分けたりすることができた。たとえば旅に出る時、いちばん親しい人（妻とか恋人とか）の着物の内側に秘密の結び目を作っていくのが習いであった。その結ぶという行為はむろん呪術で、結ぶことによって、そこに少しく分割したオノレのタマをば鎮め込めていくのであった。一種の鎮魂呪術である。

そうすると、この分割されたタマ同士は引き合って、また合体しようとするから、やがて無事に戻ってこられるということをまじなったのである。戦争中に出征兵士たちが身に付けていった千人針というものも、いわばその一針一針に少しずつタマを鎮め込めて、その呪力によって弾に当らず無事戻るということが期待されたのである。

しかしながら、いかにタマは不滅であっても、肉体は老い、かつ必ず滅びる。そこで、往古の日本人は、「死」はタマが肉体から抜け出てしまう状態であると考えた。

寝ている時に、タマが遊離してどこかに飛んで行き、誰かに会ったりすると、すなわち夢を見る。だから夢を見ているという状態は、じつはかなり危ういところがあったのだ。もしそのまま、遊離したタマが戻ってこなかったら、それこそ一大事、すなわち遊離したタマが戻らない状態が「死」だったからである。

いっぽう、人間が生まれてくると、その直後はまだ単なる「肉体《から》」に過ぎない。目もあかないし、言葉も分からない、ただただ泣いたりうごめいたりしているだけの存在は、とてもタマが内在するとは思えなかったからだ。そこで、近所の氏神様だとか鎮守様にお参りして、お願いして、タマをちょうだいする。すると初めて人間になった。現代でも、生後五十日とかにお宮参りなんてことをするのは、その遺風である。で、赤子の肉体にタマが入るころになると、ようやく目があいたりして人間らしくなってくるのである。

こうしてタマは肉体に居場所を得て、一生そこにいるわけで、つまり人間の誕生は肉体の誕生とタマの鎮魂と二段階に分けて考えていたのが日本の伝統であった。

だが、赤子も成長し、成人し、やがて老いて、病んで、死ぬる時がやってくる。これは誰にも避けられない。

この時、タマが不安定になって、だんだんと遊離しはじめると、意識が途切れたり戻ったりする。そうしていよいよ途切れたまま戻らなくなると、死んだのである。

死んだのではあるが、まだタマは、そこら辺にうろうろしている。だから、呼べば戻ってくるという公算がかなりあった。現実に、意識を失っても、頰っぺたを叩いたりして大声で名を呼ぶと意識を取り戻す、というようなことが今でもある。それを見れば、タマは呼べば戻ると思ったのもむべなるかなというものだった。

そこで、死んでもすぐには焼いたり埋めたりしてはいけないと日本では考えられていた。天皇だったら、死後まずは殯宮《もがりのみや》という仮安置所に遺骸を置き祀《まつ》って、臣下がこもごも誄《しのびごと》というものを述べる。それから、口々に、故人の徳をたたえ、いかに自分たちが故人を愛してるか、戻って欲しいか、ということを歌った。これを挽歌《ばんか》と言ったのだ。『万葉集』に出ている、柿本人麻呂が妻を喪《うしな》ったときの挽歌などは、痛哭《つうこく》まさに涙なくしては読めない傑作だが、その歌のスタイルは結果的に「死者への恋歌」というものになるのであった。それもそのはず、「恋」という言葉はもともと「乞ひ」と同じ言葉で、つまりは相手のタマを乞うところからきているのである。

かくして、死んだ人をこもごも呼び立てて、乞い渡ったとしても、多くの場合は生き返らない。極く稀に息を吹き返すことは、現代でもあることで、そういうものは、ヨミの国（死者の国）から帰ってきたというわけで「ヨミがえり（蘇り）」と称《とな》えたわけである。

さて、死者を送る葬礼のときに、死者にはどんなものを着せるだろうか。今日の葬儀は多く仏式なので、不純なのであるが、それでも死者には必ず白い経帷子《きようかたびら》というものを着せる。この白いものを着るというのは、たとえば赤子の産着が、最初のはかならず白かったのと同じ意味を持っている。つまり、白は新しい生命の誕生を象徴するのである。

そして同時に、白は無垢なる色、汚れなき色であった。だから重大な神事に奉仕する神官などもしばしば白い装束で臨んだりするのである。

死者は汚れであるので、できるだけその汚れを避けるという意味で、会葬者は汚れなき白装束で参列するのが昔は当然であった。思い出す限り、白装束の葬式には参列した経験がなかったけれど、こういう伝統を踏まえて、私自身白装束で葬式に出たことが一度ある。その時は、みんなアレッという表情でいぶかしげに私を見ていたが、実はこの白装束が正しい葬礼風儀であったことは、この写真が良く証明してくれるであろう。

写真の右のほうに見えているお神輿《みこし》のようなものは棺囲《かんがこ》いを載せた輿《こし》である。この例では座棺《ざかん》のようであるが、必ずしも座棺が古く寝棺が新しいというわけでもなかった。江戸末期に角田《つのだ》忠行が著した『葬事略記』という手引き書によれば、正しくはサワラもしくは松で作った寝棺に収め、新しい衣を遺骸の上に置いて、しっかり釘で閉じ、布で覆って檐木《にないぎ》を付けて、祭壇に祀って安置しつつ誄を述べ、酒食を供え、しかる後に、松明《たいまつ》、散米《さんまい》、榊、棺、の順に並んで、足を先にして墓まで運んで行く。しかも葬送の行列はかならず夜中に行なう習いであった。そうして、棺は南枕に地中に埋めた。

遺族や会葬者は、葬儀を終えたなら河の辺に至ってミソギをして死の汚れを落してから家に帰ったというのだが、そのごくごく簡略化されたのが、今のお清め塩というものである。万事はずいぶん略式になってしまって、葬儀のあれこれも、仏教のしきたりと混交してなにがなんだか分からなくなっているけれど、しかし、たとえば、死者を弔うのに通夜と告別式と二段階でやるなどというのは殯《もがり》の風習のあったころの名残だろうし、葬儀の場所から火葬場まで必ず自動車で行列していくなどというのも、なにやら昔の野辺の送りの行列を彷彿させるところがある。

ただ、葬事の装束が白から黒になってしまったのだけは、かえすがえすも残念だ。なにしろ、白装束は新生命の誕生を意味するめでたい風儀だったからである。

◉おそるべき風景

愛媛県西宇和郡三瓶町（現西予市）周木（昭和27年２月）新田好撮影

かつて私は、四国のあちこちを車で走り回って、異常な感銘を受けたことがある。それは、四国というところが、あまりにも急峻な地勢で、道という道は細く曲がりくねって往き通うに難く、しかしそのどんな山奥にも、人の営みが及んでいるというそのことであった。

吉野川をずっと遡って祖谷《いや》に至ると、もともと平家の落人《おちうど》村だという伝説があるのもむべなるかな、集落といっても家々は広い山地に一軒また一軒と散在して、見渡す限り、雲の湧く谷のほとりから、遥かな山陵のあたりまでも家々の屋根が散らばっているのであった。

こういう風景は本州にはあまり見かけたことがない。

それで、よくよく目を凝らして眺めてみても、その一軒一軒の家には、車の入れるような道がない。山の上か、谷の下か、ともかく遥かに離れたところに県道か村道が通っていて、そこからは小橋を渡り、急傾斜の小道を上り下りしてようやく家に至るのであった。

あれではずいぶん不便でしょうねえ、とふと漏らしたところ、案内してくれた地元の人がこともなげに言った。

「いや、あれで案外と便利なんです」

私はびっくりした。どう考えても便利とは思えなかったからである。

「あれでまあ、ほれ、あそこの山道を二時間も歩けば、けっこう容易に町に出ますんでね、便利なんです。思っていたより」

山道を二時間歩けば町に出るから便利だというのは、私どもには到底理解できない感覚である。

しかし、それは決して嘘や誇張ではないのであろう。

昔の人はほんとうに健脚で、山道を二時間くらい歩いたからとて、汗一つかかなかったかもしれない。すっかりナマクラに成り果てた自分らの体から割り出してはすべてが間違う。

またある時は、高知から入って四万十《しまんと》川に沿って遡上《そじょう》し、心細い悪路をたどりたどり、やがて峠を越えて宇和島まで走ったこともあった。四方八方、どこも急斜面ばかりの奥深い山道で、寸地も平らなところを見なかったが、こういう険しいところにも人は住めるものかとほとほと感心したことであった。

また神山村というあたりへ分け入ったこともある。

そこも、細い細い山道の続く、いかにも寂しい山里であったけれど、曲折する道の両側はずいぶん奥の奥まで棚田に作られていて、その小さな田の集積が独特の風景を形作っていた。

けれども、ああ、時世時節だなあとため息が出たのは、その血と汗の結晶とも言うべき棚田が、もはや荒廃しつつあって、かつて稲が育てられていたであろうところに、栗の木が枝を伸ばしていたりしたことである。おそらく、栗の木などを植えたのは稲ほどの手間や費用をかけずに何らかの収穫を得るための知恵であろうし、じっさい、田を耕して、これらの不規則な形の山田に田植えをするまでの人手がもはやこのあたりには残っていないのであろうと想像された。

おそらくそういうふうにして、この千枚の田とも、田毎《たごと》の月とも眺めた日本の山村らしい風景は、全国的に急速に失われつつあることを思わずにはいられなかった。

四国に「風景づくりの会」という団体があって、そこが「四国風景街道」という面白いサイトを公開しているのを見た。そうすると、今でも遊子《ゆす》・水荷浦《みずがうら》あたりには石垣組みのおびただしい段畑が残っていて、そこで子供たちに営農の経験をさせる教育を実施しているというのであった。

　このサイトに段畑を巡る座談会が掲載されていて、そこで、「段畑を守ろう会副会長」の松田鎮昭さんがこんなことを述べておられる。

「段々畑には四百年の歴史があります。関が原の戦いで勝った伊達政宗の長男伊達秀宗が宇和島藩主としてやってきました。それが廃藩置県まで続いて、段々畑を守ってきたわけです。殿様は視察に来て、『この急斜面では、町と同じように年貢を納めることはできないだろう。あなたたちはここで、飢えないように生き残ってください』と年貢を軽くしてくれました。

　明治になって、日清戦争後、中国の李鴻章が瀬戸内を遊覧したときに『耕して天に至る』と言いました。司馬遼太郎氏はそのことについて、戦勝国も大したことはないと李氏は安心したのではないかと聞いたことがあります。先の言葉には続きがあって『これ貧なり、これ勤なり』と言ったそうです。

　石積みは明治の中ごろから始まって、昭和三十年代に今の形になりました。転換期があり、昭和三十五年ごろから養殖へ移っていきました。みな一斉に海へ行き、山が荒れました。水荷浦の一部だけが頑固なまでに段々畑を守った。それを文化庁の調査官が見られ、その素晴らしさを指摘されました」

耕して天に至る、という言葉は棚田や段畑《だんばた》を言うときかならず引かれるところであるが、これが日清戦争後の李鴻章の言葉であったとは、これによって初めて知った。

遊子あたりの段畑は、石垣を積んでそれによって畑を支えているらしいが、掲出の写真の段畑はそれより以前の、もっと原始的な作り方であるらしい。

写真の説明によると、畑と畑の間の斜面は「ギシ」と呼び、これは泥を撞《つ》き固めただけのものであったという。それゆえ、大雨が降り続くと緩んで崩落することがしばしばであったらしい。現に、この写真のあちこちに、その崩れている畑が散見される。

遊子の段畑には、たいていサツマイモが植えられていたそうであるが、おそらくこの写真の畑もイモ畑らしく思われる。どう考えても地味が肥えているはずもなく、水利はほとんど無いに等しいのだから、イモを育てるくらいが関の山だったのではなかろうか。そうして、そのイモから、酒を醸《かも》して焼酎を造ったりして収入の道としたりもしたのであろう。

こういう急峻な斜面の、辛うじて人一人が通い得るばかりの隘路《あいろ》を上ったり下りたりして農耕に従事するのは文字通り命がけの仕事であったに違いない。もしひとたび足を滑らせれば真っ逆さまに転落しなかったものでもあるまい。

　そういうところを、このおばあさんは、自分の身の丈よりも高く盛大に荷を背負って、こともなげに歩いている。山の畑に刈った草を乾して、それを麓まで運び下ろして牛を飼う。そんなことであったかもしれない。

　この青々とした宇和海《うわかい》を見下ろす壮大な段畑の風景は昭和二十七年に撮影されているから、はたしてこの風景が今日まで残っているかどうか、心もとないことである。

　こういう風景は、単なる風景ではない。これは、一枚また一枚と、地を刻むようにして拓いた代々の農民たちの、そのおそるべき努力の歴史そのものである。

　歴史もまた人間の営みである以上、すべてのものが無常に変転していくのは止むを得ないとしても、もしこういう風景が日本中から失われてしまったとしたら、その時、私どもは、自分たちを育てた風土や、祖先の命を刻んだ歴史をも失わなくてはならないのだということを、切実に覚悟しておく必要がある。

　といって、いまさら、誰にこのおそるべき景色の段畑を守ってイモを作り続けろとも言い難い。せめては、こういう写真に記録として留めて、それを子々孫々まで語り継ぎ言い継ぎゆくべき義務が、私どもにはある。

◉鉾をおさめて　伊根浦の捕鯨

京都府与謝郡伊根町（大正２年）落合英夫提供

時雨音羽《しぐれおとわ》の作詩、中山晋平の作曲で、『鉾《ほこ》をおさめて』という名曲がある。じつは日本歌曲のなかでも、私のもっとも好きな愛唱歌の一つである。今ではほとんど歌われることもないので、以下にその歌詩を書きとめる。

鉾をおさめて　日の丸上げて
胸をドンと打《ぶ》ちゃ　夜明けの風が
そよろそよろと　身に沁みわたる

灘の生酒《きざけ》に　肴は鯨
樽をたたいて　故郷の唄に
ゆらりゆらりと　日は舞い上がる

金の扇の　波波波に
縄のたすきで　故郷の踊り

男男の　血は湧き上がる
エンヤッサ　エンヤッサ
ヤンレッサ　ヤンレッサ
踊り疲れて　島かと見れば
母へ港へ　土産《みやげ》の鯨

というのである。これを藤原義江があの独特の藤原節で歌ったのが当時のヒット曲であった。

思えば暢気《のんき》な時代で、まだ鯨を捕ってはいけないなどということを声高に言う人もいなかったし、調査捕鯨などという名目で鯨を捕ったりする必要もなかった。この『鉾をおさめて』に詠まれているのは、まさにそういう牧歌的時代の輝かしい捕鯨の場面なのであった。

江戸時代の絵などに、近海の捕鯨の様子はしばしば描かれているが、もちろん私はその実際の様子など見たことがない。しかし、ここに掲げた「伊根浦の捕鯨」こそは、江戸時代、いやもっとずっと昔から、私たちの御先祖がたが力を合せて鯨を捕ってきた、その伝統的集団的な捕鯨の姿を如実に写している。

伊根は、丹後半島の漁村で、今でもこの写真に見るような舟屋造りの家々が、伊根の入り江をぐるりと取り囲むように建っていて、その景色はここ何十年と時間が止まり凝《こご》っているような、不思議に美しい景観をなしている。私も一度だけこの入江の景色を眺めに行ったことがあるが、それはほんとうに懐かしい風景であった。しかし、ここが捕鯨の名所であったとは、この写真を見るまで知らなかったのは、我ながら不覚であった。

鯨といえば、私たちには、非常になつかしい食料である。たとえば、小学校時分の給食には、じつにしばしば鯨が登場したものだった。

私の大好きだったのは、鯨の竜田揚げである。真っ黒のような、分厚い肉に、醤油だの生姜《しょうが》だのの風味がじっくり沁みていて、それがからりと揚がっている、あれは牛肉にも豚肉にもない独特の美味だった。鯨のカツ、ってのもあったなあ。

なかには鯨は生臭くて嫌いだというような贅沢を言う子供もないではなかったが、そういうのはたいてい女の子だったような気がする。じっさいには、鯨の肉は竜田揚げにすると、そんなに生臭いことはなくて、むしろサクサクした好風味だったと、私は記憶している。そうして、尾の身などを除けば鯨は赤身の低脂肪な肉で、ビタミン・ミネラルも豊富で、ヒョロヒョロとやせ細っていた戦後の子供たちを養い育てた何よりの栄養源でもあった。

それから、あれはどういうわけか、学校が退《ひ》ける時に、きまって「肝油ドロップ」というものが、一人二個ずつくらい配布されて、一斉に食べたものだった。

これも、なかには「ゲェッ」などとあざとく忌避する生徒もあったけれど、私は、別に嫌だともなんとも思わなかった。それどころか、ドロップと言っても、現実には今でいうグミのような食感に作ってあって、回りにグラニュー糖がたくさんにまぶしてあったから、下校時は時あたかもお八つ時に近く、甘い旨いと思いつつ、けっこう楽しみに食べたものだった。

そうして、社会科の教科書には、我が国の誇るべき産業として、遠洋捕鯨というのが必ず出ていて、大きな捕鯨母船と、勇敢なるキャッチャーボートが、鬱然たる大船団を組んで、堂々と南氷洋あたりへ繰り出して行き、そこでシロナガスクジラやら、マッコウクジラやらの、山のように巨大な獲物を見事しとめてくるのだと教えられた。

そうして捕獲された鯨は、母船の甲板上で、長刀のような道具を持った男たちによって、要領良く切り捌かれ、身は身、皮は皮、油は油、スジはスジ、骨は骨、内臓は内臓（つまりその肝臓から肝油ドロップなども作られたに違いない）……と、体の隅々に至るまで有効に利用される、鯨には無駄に捨てるところが全く無い、とそのように教科書には書いてあった。

ところが、西洋人たちの偏見独断によって、いまではシロナガスもマッコウも獲ることはできなくなり、ゴンドウクジラのような、まあ鯨世界ではペエペエの子分みたいなのしか獲ることが許されなくなった。

しかし、その乱獲による個体減少を招来したのは、決して日本の捕鯨船ではなくて、その前世紀に、やたらと乱獲して、ただその脂だけを利用してあとは捨ててしまったという欧米人の仕業であったということを知って、私は怒り心頭の気分を味わった。同じ捕獲され、殺されるなら、日本のように、スジの一枚、ヒゲの一本に至るまで無駄なく利用してやるのでなくては、鯨だって成仏すまい。

この頃では、たまさか入り江に紛れ込んできた鯨などまで、汗水たらして外洋へ帰してやる努力をした揚げ句、死んだら死んだで、なにも利用せずに地面に埋めてしまうのだという。そんなことをせずとも、迷い込んできた鯨は天の与えと見做して、生きてるうちにさっさと捕まえて骨肉ともに立派に役立ててやるのが、ほんとうの人の道だと思うのだが、どうも割り切れぬことばかりだ。

考えてみると、鯨が減り過ぎたということも、もとはといえば人間が増え過ぎたのが遠因だといえなくもない。

おそらく明治時代くらいには、日本の人口なんてものは、せいぜい四千万人くらいのものであったろう。そのくらいの数であれば、近海の魚を獲り、国内の田畑を耕して得られる食料で、なんとかやっていけたはずなのだ。だからこそ日本は鎖国なんて暢気なことをやっていられたわけである。それが今や一億三千万もの人間が、この狭小な国土にひしめいているわけだから、どだい食料が足りない。それで世界中の魚を獲り尽くすような勢いで遠洋漁業を繰り広げるから、こんどは魚まで規制される趨勢になる。鰻だって、エビだって、なにも中国に嘱して盛大に養殖なんかせずとも、国内で生産すれば十分だったはずなのだ。まして鯨などは、この伊根の写真にあるような牧歌的な方法で稀々に捕まえて喰うという程度で足りるわけである。

少子化だといって騒いでいるけれど、むしろこのままどんどん人口が減って明治時代くらいになれば、よろず生活は楽になるような気がする。

そしたら、また昔のように人間的な捕鯨を再開して、『鉾をおさめて』でも謳歌したいものだ。捕鯨は見事な漁労文化であり、素晴らしい食文化でもあったのだから。

◉隠居の夢

愛媛県西宇和郡瀬戸町（現伊方町）川之浜（昭和28年）新田好撮影

昔、それも近代以前の昔と今とを比べてみれば、おおかたのところはすこぶる便利になり、快適になり、そうして多くの日本人がそこそこ豊かになった、ということは確かに言えるに違いない。

私なども、そういう時代の進歩の恩恵をたっぷりと享受している一人だから、決してこういう時代に生まれたことを不幸だとも不運だとも思わない。

けれども、昔と比べて、たしかに悪くなったということもいくつかある。

その一つは、近代になって士農工商というような身分差別が撤廃になり、いちおう建前としては四民平等というありがたいことになった結果の、農村山村の衰微である。御一新後は、親の商売が何であろうとも、もしその本人に才覚があり志があるなら、笈《きゅう》を負うて都に上り、末は博士にでも大臣にでもなれる道が開けた……のはいいけれど、その結果、誰もが蕩々《とうとう》として都塵《とじん》渦巻く東京へ東京へと群趨《ぐんしゅ》し、とりわけ戦後は高校・大学と進むのが当然のようになって、そこらじゅう誰も彼もが学士様という御時世となった。

さてそうなると、学士様がいまさら山間僻地の郷里へ帰って農耕山仕事でもないだろうということになって、日本中が田園まさに荒れなんとする趨勢となったのは是非もない。これは、たしかに近代化と都市化が産んだ、影の部分であった。

その結果、農業はみな家郷《かきょう》を守る年寄の仕事となって、都会に出て行った倅《せがれ》や娘たちは、せいぜいお盆と正月くらいしか郷里の空気を吸うこともなくなってしまった。

これと符節を合《がっ》するごとくに、もう一つの近代的制度が世の中を辛いものにしていることも、忘れてはならぬ。

それは何かというと、相続税という制度である。

そもそも、相続税などという制度は近代自由主義国家のなかで、日本だけが突出して重税として課したもので、イギリスなどはほとんど無税に近いのである。

ところが、日本では、私有財産をお上が勝手に査定して、それにどしどしと課税することになっている。あたかも私有財産などは持っていることが罪悪であるかのような、江戸時代の悪代官よりも悪い法制度で、この結果として、たとえば、築地あたりの商店街で小さな佃煮屋をやっていたというお爺さんが死ぬと、その商店街の路線価は途方もない高額であったりして、跡継ぎの息子にはそれを支払う能力がなく、ついに土地も店も手放してマンション会社の地上げに応じるという結果になったりする。

かくして、田園においては、年寄になっても農耕の仕事を譲るべき子孫なく、都市においては、死んだら最後商売が立ち行かない、ということになる。

江戸時代は、どうであったか、というと、江戸という時代は身分を固定した時代であった。それは一面において窮屈な制度ではあったが、立身出世の道が完全に閉ざされていたというわけでもなかった。学問で身を立てて藩儒に取り立てられたり、用人格の武士に出世したりすることも珍しいことではなかった。しこうして、商売などは親から子へ孫へという代々の「仕似《しに》せ」が絶対的な善と見做され、つまりは、親譲りの店や財産とともに、商売に関係したさまざまのノウハウもまた、つつがなく伝承され保証されてきたという現実がある。

四民平等はいいけれど、みんなが立身出世主義に駆られて郷国を捨てるということになった結果、田園は荒れ、商売のノウハウは断絶し、そしてなにより親譲りの財産の保全も覚束ないということになったのが、私どもの近代である。

こうした近代化の結果として、一生の人生計画が著しい変更を余儀なくされるところとなったことは、案外と意識されていないかもしれない。

昔は、還暦を迎えるころにもなれば家財一切は子供に譲って、自分は隠居金を懐に風流な隠居所にでも移り、あとは余生として花鳥風月に遊んでいればよかったのだ。

　ところが、現在そういうことをしようとすると、財産等の生前贈与は事実上禁止的懲罰的な高率で賦課され、なにもかもお上に巻き上げられてしまうことになっている。だから、誰も家督を子に譲って隠居することなどできなくなってしまった。

　農村では、土地や家はあっても、そしてそれに高額の相続税は賦課されないとしても、もうそれを受け取る子供がいないということになって、放棄され朽ち果てた農家や農地は、全国におびただしく存在する。

　どんなに働いて財産形成をし、立派な家屋敷を作ったとしても、いたずらに長生きして余生を送れば、財産はいつのまにか消え失せ、のこった家屋敷は相続税で取られてしまう。そういう社会が果たしてほんとうに幸福であろうか、とそこのところをよほど考えなおしてみなくてはならぬ。江戸時代のように「知足安分《ちそくあんぶん》」とまでは言わないけれど、ただただ都会へ出て出世して立派な家屋敷を作るばかりが幸福なのではあるまい。

　それよりも、生まれたところに安穏なる暮らしを営んで、べつに金持ちにならなくともいいから、老後は農地や山林などを子供に譲って、自分はひっそりと、ささやかな隠居生活を送るという幸福も確かにある、と私は思うのである。

以前、薩摩の桜島を歩いたことがある。

そのとき、鹿児島の市街を対岸に見はるかす小さな漁港で、何人かのお爺さんたちが、何をするでもなく海をながめて座っていた。

もう年を取ったので、こうやって隠居して遊んでるんだと、一人のお爺さんが言った。このお爺さんたちは、みなもう現役を退いて……おそらく漁業の仕事は息子たちにでも譲ったのであろう……ただのんびりとお喋りなどに打ち興じているらしかった。

「家内《うつかた》がな、ほれあン向う岸の、加治木の病院に入院しちょっとよ。もう長かど。二年にもなっどね」

一人のお爺さんが、額に手をかざして対岸を見やりながら、ポツリとつぶやいた。

このお爺さんは、奥さんがなにか重い病気で入院していて、一月に二、三度くらいは小さな舟に乗って、対岸まで婆さんを見舞いに行くらしかった。

「じっさい、見舞いにゃなかなか行かれんどん、そいでん毎日、こっから、ガンバレヨーッち、言っちょっと。もうどんなカタチになってもよか。生きちょってさえくれればね……」

日に焼けたその顔は、ちょっと寂しそうに見えた。

けれども、翻って、自分の身の上に照らして考えてみると、はたしてこんな暢気な老後がやってくるであろうか、それはいかにもありえないことのように思われた。

私自身は、もう少し一生懸命働いて、多少の資金が出来たら、東京には見切りをつけて、しかしもともと東京土着の家でどこに郷国があるわけでもないから、自分で、青森の八戸《はちのへ》あたりに隠居のための家を造って、それであとは好きなものだけを書きながら、もうすっかり遠ざかってしまった学問の世界にでも、またふたたび足を踏み入れてみたいなんてことを夢想する。

いやいや、それはきっと夢想のまま終るであろう。

しかし、この写真のように、真っ白な無精髭なんぞ生やして、股引《ももひき》にチャンチャンコの気楽な格好で、日がなブラブラして暮らしたら、どんな思いがするであろう。それはそれで、もう一つの「忘れていた幸福」が手に入れられるのではないかという気がする。

見よ、この爺さんたちの、屈託ない幸せそうな表情を。

私もぜひこういうジジイになりたいものである。

解説　懐しきコッペパン少年

泉　麻人

昔をテーマにした本は数あれど、「ついこの間……」という呼び文句には魅かれるものがある。尤もここに収められた数々の生活スナップに〝ついこの間感〟を抱くことができるのは、昭和31年生まれの僕あたりがぎりぎりの世代かもしれない。この辺の風俗も、そろそろ〝歴とした大昔〟の域に入りつつある。

著者の林さんは、昭和24年の生まれのようだから、僕より七年先輩にあたる。本の初めの方には「子供」をテーマにした項目が続いているが、およその事柄は多少リニューアルされながら、僕の時代にも継承されていた。まずは給食風景をとらえた「悪ガキの心底」。モノをくわえて悪ぶる坊主頭のガキの姿がなんともチャーミングだ。「私どもが小学校に入った昭和三十年ころにはもうかなり状況が改善されてきていて、この写真にあるような、コッペパンと脱脂乳だけというようなことはなかった。ただ、どういうものか、主食は例外なくコッペのみで、ご飯というものは決して給せられなかった」

僕の時代はパンこそコッペから食パンに変わったが、脱脂粉乳は当初まだ継承されていて、昭和40年代に入った小学3年生の年に森永のホモ牛乳にチェンジされたことを鮮烈に憶えている（新宿区立小学校の場合）。林さん、けっこう脱脂粉乳は好物だったようだが、当時の僕はまさに「うへぇっ、というような表情をして、これ見よがしに鼻をつまみつつ苦渋に満ちた表情で飲み込」む、という状態だった。

「チャンバラの剣士たち」の写真は傑作だ。文末にあるように、僕らは月光仮面よりさらに後のＴＶヒーローの世代だが、東京オリンピックの頃に忍者ブームが吹き荒れて、手裏剣アソビの添えものとしてチャンバラも復活した。

舟上の爺さんと子供たちの配置——が素晴らしいこのショット、東京風景マニアの僕はこういう古写真を見ると、ついつい外景に注目してしまう。右手の倉庫の向こうにちょこっと見える特徴的な橋は、清洲橋に違いない。すると、川幅や距離感からしてこの川は、表記された豊洲よりやや北方、越中島付近の大横川ではないだろうか。

さらに、文中の妙なフレーズに反応してしまった。「何人もの悪人ばらを、ばったばったと斬り捨てる……」。

幼稚園児の頃に時折観ていた「白馬童子」（山城新伍主演）というチャンバラ活劇は、ストーリーよりもテーマソングが印象に残っている。その一節に〽悪人ばらを蹴ちらすぞ〜って所があるのだが、この「悪人ばら」の意味がわからず、むりに「悪人ども」と聞き做《な》していた。

漢字をあてると（悪人）輩となる、つまり「悪人ども」と意味は同じなのだが、僕らの忍者ごっこ時代にはほとんど使われない死語になっていた。なるほど、この文章を読むと、林少年の頃まではごくあたりまえの言い回しだったようだ。また、チャンバラ映画や漫画で多用される一種の常套句だったのかもしれない。

のどかな農村や下町の路地裏を舞台にした写真群のなかに、東京都心のスナップもいくつかある。首都高が走る赤坂見附のショットは、昭和39年8月だからオリンピックの直前、その5年後に免許を取ってホンダN３６０のドライバーとなった、著者の大学時代のエピソードが綴られている。映画でいうと、小津安二郎や成瀬巳喜男作品の場面が重なる項目が多いなか、この話はさしづめ加山雄三の若大将映画の世界が思い浮かんでくる。

僕は林さんが通った慶応大学の後輩でもあるので、この大学裏の都営駐車場は心当りがある。二の橋から直進する道の三井倶楽部の先、一等地の狭間の妙に草深い屋外駐車場だった。ちなみに写真の赤坂、青山通り方向に見えるアスパラの矢印形看板（弘田三枝子が〽アスパラでやりぬこう～と唄ってた）とマツダの昔のマーク（オート三輪に付いていた）が懐しい。

昭和30年の渋谷駅の写真、さすがにこの時代の素朴な駅舎は記憶にないけれど、看板の出た日本食堂は確か山手線改札横の地下にしばらく残っていて、何度か立ち寄った。

写真より10年余り後の著者の学生時代、若者の街としては新宿の方がリードしていた、とあるけれど、さらに後の僕の時代は西武やパルコがオープン、公園通りがにぎわって、渋谷がファッションタウン特集のトップを飾る街になっていた。当時、頻繁に立ち寄ったわけではないけれど、百軒店の界隈は気になる奥座敷的なポイントだった。「百軒店と書いたアーチを潜った向こう側だけは、ちょっとカスバ的なといってもいいような閉鎖された風俗街という感じがあった。とっつきのところに道頓堀劇場という有名なストリップ小屋があり、奥のほうに進むにしたがって、だんだんと色街風の趣が漂ってくると、そんな空気だった」

この雰囲気は、いまも概ね変わらない。「道頓堀劇場」は僕も悪友と何度か覗いていたが、渋谷で「道頓堀」というのが不思議だった。その後、仕事の関係で知り合った館主にそれとなく尋ねたところ、開業（70年代初め）の際、看板屋が「道玄坂」を「道頓堀」とカン違いして描いてきて、メンドーなのでそのまま屋号にした、という話である。

東急文化会館のプラネタリウム……何度か行ったけれど、思えば女の子とデートで入った経験はない。「互いの気持ちが盛り上がるでもなく、『じゃあ、またねっ』とか言って明るく別れる」と林さんは記述しているが、本当だろうか？　ここは一瞬、チクショーッと思った。

農村風景、素朴な田舎の生活風景を記録した写真の諸々は、五十代なかばの年代になって眺めると、とりわけグッとくるものがある。本書のなかに「みかんの花咲く丘」や「夏は来ぬ」の詞が引用されているが、そういう写真を眺めるときにふと思い浮かんでくるのが、これに「朧月夜」やら「蛙の笛」やらを加えた、海沼実調メロディーの童謡や唱歌である。物心つくか、どうかの頃、松田トシや安西愛子やコロムビア児童合唱団、音羽ゆりかご会……といった面々が唄う童謡のレコード（33回転か78回転）を、よく寝際に聞かされた。そんな、当時すでに衰《すた》れつつあった日本の純朴な農村風景が、メロディーとともに浮かびあがってくる。

「肥溜めの香り」や「聖なる汚穢」のスナップを「朧月夜」（〽菜の花畑に　入日うすれ～）のメロディーなんぞを重ね合わせながらしばし眺めていると、いやぁ実に安らぐ。副交感神経が活性化されて、すうーっとストレスが解消されていくようだ。

そして、これら多くの農村写真に記されている〈長野県阿智村〉という土地、ここは古本屋の店頭ワゴンなんかによく出ている「岩波写真文庫」の地方風景をとらえた写真にもよく登場する場所だ。昭和30年前後、郷土テーマの写真家の間で、ハヤりになった地域なのだろうか？

細かい事情はともかく、10年ほど前にローカルな路線バスの旅をしていたときに訪ねたことがある。伊那の飯田から奥三河の方へ行くバスが通りがかる土地で、いくつかの写真に記された駒場という中心地で途中下車して歩いてみたが、すぐそばに中央高速道の高架線が走り、町並も中途半端に新しくなって、風情は感じられなかった。

段々畑（棚田もあるか）が広がる愛媛県西宇和郡の景色（おそるべき風景）も、しばらく見とれてしまう迫力がある。著者は実際に旅した祖谷《いや》の山間集落でのエピソードを重ねている。

「あれでまあ、ほれ、あそこの山道を二時間も歩けば、けっこう容易に町に出ますんでね、便利なんです。思っていたより」

と、地元の案内人の言葉を見事に拾って、田舎の人の健脚ぶりを讃えている。が、近頃バス旅で山里などを訪ねると、むしろこの逆のケースが多くなった。バス停から2、3キロばかり歩いてきただけなのに、「へーっあんなところから歩いてきなさった」と、民宿のおかみに驚かれたりする。ちょっとした距離も軽《けい》（自動車）で往き来するのが日常化してしまったのだ。

南イタリアの港町を訪ねたときに、「隠居の夢」に出てくるような朴訥とした老人の姿を見て、妙に懐しい気分に浸ったりもする。

「せめては、こういう写真に記録として留めて、それを子々孫々まで語り継ぎ言い継ぎゆくべき義務が、私どもにはある。」

「おそるべき風景」の文末の言葉がジンと心に響く。

本書は平成十九年十二月、弘文堂より刊行された。
文庫化にあたり一部訂正、削除いたしました。
JASRAC出 許諾番号1208869-201

ちくま文庫

ついこの間《あいだ》あった昔《むかし》

二〇一二年八月十日　第一刷発行

著者　林望（はやし・のぞむ）
発行者　熊沢敏之
発行所　株式会社　筑摩書房
東京都台東区蔵前二―五―三　〒一一一―八七五五
振替〇〇一六〇―八―四一二三
装幀者　安野光雅
印刷所　三松堂印刷株式会社
製本所　三松堂印刷株式会社

乱丁・落丁本の場合は、左記宛にご送付下さい。
送料小社負担でお取り替えいたします。
ご注文・お問い合わせも左記へお願いします。
筑摩書房サービスセンター
埼玉県さいたま市北区櫛引町二―六〇四　〒三三一―八五〇七
電話番号　〇四八―六五一―〇〇五三

ISBN978-4-480-42969-8　C0195